Günter Kitzinger/Stefan Kopp-Assenmacher

Kunststoffrecycling und REACH

Herausgegeben von:
Dr. Martin Dieckmann · Esche Schümann Commichau · Rechtsanwalt, Hamburg
und
Professor Dr. Walter Frenz · RWTH Aachen

Berliner Abfallrechtliche Schriften 1

Günter Kitzinger/Stefan Kopp-Assenmacher

Kunststoffrecycling und REACH

Anwendungsgrundsätze und Probleme der REACH-VO für die Recyclingwirtschaft

DER JURISTISCHE VERLAG
lexxion
BERLIN

RA Dr. Günter Kitzinger und RA Stefan Kopp-Assenmacher sind tätig bei Köhler & Klett Rechtsanwälte, Köln und Berlin.

Bibliografische Information der Deutschen Nationalbibliothek

Die Deutsche Nationalbibliothek verzeichnet diese Publikation in der Deutschen Nationalbibliografie; detaillierte bibliografische Daten sind im Internet über http://dnb.d-nb.de abrufbar.

ISBN: 978-3-93 98 04-71-0

www.lexxion.de
Satz: typossatz GmbH, Berlin

Vorwort

Eine nachhaltige Rohstoffbewirtschaftung gehört zu den zentralen Herausforderungen ökonomischen, ökologischen und politischen Handelns im 21. Jahrhundert. Der Recyclingwirtschaft kommt hierbei eine außerordentliche Bedeutung zu. Sie trägt durch die Versorgung der Wirtschaft mit Sekundärrohstoffen zu der Verwirklichung dieses Ziels in besonderer Weise bei. Die neue Abfallrahmenrichtlinie stärkt diese Funktion der Recyclingwirtschaft, indem sie unter anderem erstmals konkrete Vorgaben zum Ende der Abfalleigenschaft festlegt.

Parallel hierzu ist das neue EU-Chemikalienrecht entstanden, von dem auch die Recyclingwirtschaft betroffen ist: Überall dort, wo Abfälle in Sekundärrohstoffe oder Sekundärprodukte verarbeitet werden und somit die Recyclingwirtschaft dem Auftrag einer nachhaltigen Ressourcen- und Rohstoffwirtschaft nachkommt, stehen die Recyclingunternehmen vor der Frage, ob und inwieweit sie nach Erfüllung ihrer abfallwirtschaftlichen Pflichten mit ihren Recyclingprodukten dem neuen REACH-Recht unterfallen und etwa die in ihren Sekundärrohstoffen und -produkten enthaltenen Stoffe bei der Europäischen Chemikalienagentur registrieren lassen müssen.

Das europäische Abfall- und Chemikalienrecht erweisen sich als wenig aufeinander abgestimmt; die dadurch entstandenen Unstimmigkeiten und Widersprüche stellen sich als nachteilhaft für die Recyclingwirtschaft bzw. die angestrebte Rohstoffbewirtschaftung dar. Andererseits befindet sich das neue Recht in seinem praktischen Vollzug noch in der Entwicklung und steht offen für Anregungen und Überlegungen.

Die Verfasser sind Mitte des Jahres 2008 vom Bundesverband der Deutschen Entsorgungswirtschaftung (BDE) beauftragt worden, eine gutachterliche Stellungnahme und Handlungsempfehlungen zur Anwendung und den Möglichkeiten der Umsetzung der REACH-VO für Recyclingunternehmen am Beispiel des Kunststoffrecyclings zu erstellen. Auf der Grundlage dieses Gutachtens und erweitert um zusätzliche neue Aspekte wollen die Verfasser mit dieser Schrift einen Diskussionsbeitrag leisten, der über das Kunststoffrecycling hinaus der Recyclingwirtschaft insgesamt hilft, die Brüche zwischen dem Abfallwirtschafts- und dem Chemikalienrecht zu harmonisieren.

Die Verfasser danken dem BDE und insbesondere allen Mitgliedern des REACH-Arbeitskreises des BDE für vielfältige Anregungen, Fragen und fachliche Diskussionen. Sie danken ferner den Herausgebern Dr. Martin Dieckmann und Prof. Dr. Walter Frenz für die Aufnahme in die Schriftenreihe.

Köln/Berlin, den 31. März 2009

Dr. Günter Kitzinger
Stefan Kopp-Assenmacher

Inhaltsverzeichnis

Teil I.
Einleitung

1. Kunststoffe und Kunststoffrecycling

Kunststoffe haben aufgrund ihrer chemischen und physikalischen Eigenschaften und vielfältigen Verwendungsmöglichkeiten in weiten Bereichen der Herstellung von Industrie- und Konsumgütern die traditionellen Werkstoffe Metalle, Glas oder Holz in ihrer Bedeutung abgelöst. Die physikalischen Eigenschaften, die chemische Struktur und das Molekularverhalten der Mineralöleinsatzstoffe haben es ermöglicht, Kunststoffe mit ganz bestimmten Eigenschaften zu entwickeln, die den spezifischen Anforderungen an Kunststoffprodukte entsprechen.

Die Verknappung und Verteuerung der Mineralöl-Einsatzprodukte macht es heute mehr denn je erforderlich, die Wiederverwendung der Kunststofferzeugnisse und deren Bestandteile, die Verwertung der Kunststoffe in Verbrauchsgütern und in sonstigen Abfällen, die Kunststoffe enthalten, sowie das Kunststoffrecycling weiter zu entwickeln und zu fördern.[1]

Das Kunststoffrecycling dient der unmittelbaren Ressourcenschonung der Mineralöl-Einsatzprodukte und indirekt der Schonung der Ressourcen der Metalle, von Holz und Glas, an deren Stelle die Kunststoffe als Werkstoffe getreten sind.

Für das Kunststoffrecycling sprechen neben der Ressourcenschonung auch die besonderen Vorteile beim Einsatz der Kunststoffe und Kunststoffrecyclate für die Verbesserung der Umwelt.

Die ökologischen Vorteile der Kunststoffe im Vergleich zu anderen Werkstoffen liegen in:

---

1 Nach den Begriffsbestimmungen der neuen Abfallrahmenrichtlinie (AbfRRL) vom 19.11.2008 ist unter „Wiederverwendung" jedes Verfahren zu verstehen, bei dem Erzeugnisse oder Bestandteile von Erzeugnissen, die keine Abfälle sind, wieder für denselben Zweck verwendet werden, für den sie ursprünglich bestimmt waren (vgl. Art. 3 Ziff. 13 AbfRRL). Demgegenüber haben die Verwertungsverfahren und speziell die Recyclingverfahren Abfälle zum Gegenstand: Unter „Verwertung" werden alle Verfahren verstanden, als deren Hauptergebnis Abfälle innerhalb der Anlage oder in der weiteren Wirtschaft einem sinnvollen Zweck zugeführt werden, indem sie andere Materialien ersetzen (Substitutionszweck, vgl. Art. 3 Ziff. 15 AbfRRL). Recyclingverfahren sind Verwertungsverfahren, durch die Abfallmaterialien zu Erzeugnissen, Materialien oder Stoffe für den ursprünglichen Zweck oder für andere Zwecke aufbereitet werden, mit der Ausnahme der energetischen Verwertung (Art. 3 Ziff. 17 AbfRRL). Technische Vorgaben oder Anforderungen für die Verwertungs- und Recyclingverfahren werden in der AbfRRL nicht gemacht.

- dem spezifisch geringen Energiebedarf zur Herstellung der Kunststoffe und der Kunststoffrecyclate und den geringen Energiefolgeaufwendungen beim Gebrauch,
- den spezifisch niedrigen Umweltbelastungen (Luft, Wasser, Abfall), die von den Kunststoffen und Kunststoffrecyclaten verursacht werden,
- der geringen Korrosionsneigung und der Langlebigkeit der Kunststoffprodukte,
- der Eignung für die Mehrfachnutzung in der Rohstoffkaskade mit spezifisch geringem Energieaufwand, die in der letzten Stufe die Rückgewinnung des Energiegehaltes in Form des Brennwertes ermöglicht.[2]

Gerade in der Ermöglichung der Anwendung des Kaskadenkonzepts (z. B. Herstellung von Flaschen aus Neuware, Herstellung von Abflussrohren aus den Recyclaten aus der Wiederverwertung der Flaschen) liegt das große Potenzial der Kunststoffe, auch im Rohstoffbereich zur Lösung der Umweltprobleme beizutragen.

Zu den Vorteilen der Ressourcenschonung und der Wirtschaftlichkeit der Herstellung treten somit beim Kunststoffrecycling ökologische Vorteile hinzu.

2. Kunststoffrecycling als Teil der Kunststoffversorgung

Das Kunststoffrecycling ist ein wichtiger Baustein für die Kunststoffversorgung der Investitions- und Konsumgüterindustrien.

Die Kunststoffrecyclingunternehmen treten als Lieferanten von Kunststoff-Sekundärrohstoffen in ihrer wirtschaftlichen Bedeutung und hinsichtlich der Sicherstellung der technischen Anforderungen, verarbeitungsfähige und qualitativ geeignete Kunststoffmaterialien für die verarbeitende Industrie zu liefern, aus dem Bereich reiner Abfallverwertung heraus und erlangen als Hersteller und Lieferanten von Kunststoffmaterialien in der Produktionskette von der Kunststoffherstellung bis zur Herstellung von Kunststofferzeugnissen eigenständige Bedeutung.

2 Vgl. Wessling, Kunststoffe in der Umwelt: Problem oder Problemlöser, in: Menges/Michaeli/Bittner (Hrsg.), Recycling von Kunststoffen, 1992, S. 2, 10 f.

3. Betroffenheit der Recyclingbranche durch Abfallrecht und REACH-VO und Vorstellungen zu Rechtsänderungen

Wie nachstehend in der Abhandlung noch darzulegen ist, trägt weder der europäische noch der nationale deutsche Gesetzgeber der Bedeutung der Recyclingindustrie für die Sekundärrohstoffversorgung der Volkswirtschaften ausreichend Rechnung. Kunststoffrecycling wird ebenso wie das Recycling anderer Stoffströme prinzipiell als Abfallverwertung eingestuft und ist somit dem Abfallregime unterworfen, bis die durch Recycling gewonnenen Materialien wieder derart eingesetzt werden, wie die originären Stoffe zur Herstellung von Kunststoffprodukten Verwendung finden. Erst der Einsatz der Recyclingprodukte anstelle der Originalmaterialien bei der Herstellung der Kunststoffprodukte wird in Abweichung von der allgemeinen Auffassung in der Recyclingbranche als Ende des Recyclingvorganges angesehen. Wenn der Kunststoffrecyclingprozess als abgeschlossen angesehen wird, sollen die durch Recycling gewonnenen Kunststoffsekundärprodukte und –stoffe den stoffrechtlichen Regelungen der EG-REACH-VO[3] unterworfen werden mit der Rechtsfolge, dass prinzipiell die chemikalienrechtliche Registrierungspflicht, die Informationsverfahren in der Lieferkette sowie das Bewertungs- und Zulassungsrecht nach der REACH-VO zur Anwendung kommen sollen.

Welches Rechtsregime – einerseits Abfallrecht, andererseits EG-Chemikalienrecht – für das Kunststoffrecycling und seine Unternehmen vorteilhafter, weil weniger belastend ist, bedarf der Einzelfalluntersuchung ihrer rechtlichen Betroffenheit und der Recyclingverfahren und -produkte, für die diese Abhandlung Anhaltspunkte liefern soll. Die Vorteile des Abfallendes für die durch Recycling gewonnenen Sekundärstoffe liegen in deren besserer Vermarktungsmöglichkeit und ihrer Anwendung durch Standardisierung von Qualitätskriterien und Sortenbildungen. Die praktischen und administrativen Nachteile der nach dem Abfallende zur Anwendung kommenden REACH-VO lassen sich andererseits für die Recyclingunternehmen zumindest zurzeit nur schwer abschätzen, weil die Durchführungsregelungen für die Anwendung der REACH-VO in wei-

3 Verordnung (EG) Nr. 1907/2006 des Europäischen Parlaments und des Rates vom 18.12.2006 zur Registrierung, Zulassung und Beschränkung chemischer Stoffe (REACH), zur Schaffung einer Europäischen Agentur für chemische Stoffe, zur Änderung der Richtlinie 1999/45/EG und zur Aufhebung der Verordnung (EWG) Nr. 793/93 des Rates, der Verordnung (EG) Nr. 1488/94 der Kommission, der Richtlinie 76/769 EWG des Rates sowie der Richtlinien 91/155 (EWG), 93/67 EWG, 93/105 (EG) und 2000/21/EG der Kommission („REACH-Verordnung"), ABl L 396 vom 30.12.2006, S. 1, geändert durch Verordnung (EG) Nr. 987/2008 vom 8.10.2008, ABl. L 268 S. 14, Berichtigung vom 5.2.2009, ABl L 36 vom 5.2.2009, S. 84, zuletzt geändert durch VO (EG) Nr. 1272/2008 vom 16.12.2008, ABl. L 353 vom 31.12.2008, S. 1.

ten Bereichen noch unklar und oftmals unpraktikabel sind und überwiegend als mit großem Aufwand für die Unternehmen verbunden eingeschätzt werden.[4]

Zu Recht stellt die Recyclingindustrie deshalb die Forderung an den EU-Gesetzgeber, das mit der Revision der Abfallrahmenrichtlinie (AbfRRL)[5] verfolgte Ressourcenkonzept[6], das besonders in dem neuen Institut des Abfallendes nach Art. 6 der Richtlinie für Sekundärrohstoffe zum Ausdruck kommt, für die durch Recycling gewonnenen Sekundärrohstoffe und -produkte auch in dem Bereich des neuen EG-Chemikalienrechts weiter zu verfolgen.

Das abfallrechtliche Ressourcenkonzept nach der AbfRRL geht von dem Grundgedanken des Lebenszyklus aus, bei dem sämtliche Phasen einer Ressource im Hinblick auf deren ökologische Folgen einschließlich der Wechselwirkungen Berücksichtigung finden und Recyclingunternehmen, sofern sie die abfallrechtlichen Kriterien für das Abfallende der Recyclingprodukte einhalten, und die Recyclingprozesse von unnötigem Verwaltungsaufwand entlastet werden.[7]

Hieraus ergibt sich die Forderung der deutschen Industrie und der Recyclingwirtschaft an den EU-Gesetzgeber, die nach dem Abfallende für die Recyclingprodukte zur Anwendung kommende REACH-Regulierung so auszugestalten bzw. fortzuentwickeln, dass das Recycling von bestimmten Abfallströmen nicht durch Doppelregelungen und -prüfungen, administrative Erschwernisse und unnötigen Verwaltungsaufwand nach den Regelungen der REACH-VO konterkariert wird.[8] Insbesondere sollte in der Anwendung der REACH-VO den von den Recyclingunternehmen vollzogenen abfallrechtlichen Anforderungen nach dem Ressourcenkonzept für die durch Recycling gewonnenen Sekundär-

4 Vgl. Kitzinger, Sekundärprodukte und Sekundärstoffe – Ende der Abfalleigenschaft und Beginn der REACH-Regulierung?, AbfallR 2007, S. 216, 217; Kopp-Assenmacher, REACH und Abfall, SBB-Forum (II), S. 1, 3.

5 Richtlinie 2008/98/EG des Europäischen Parlaments und des Rates vom 19.11.2008 über Abfälle und zur Aufhebung bestimmter Richtlinien, ABl. L 312 vom 22.11.2008, S. 3 ff.

6 Nach den Erwägungsgründen 28, 41 und 42 verfolgt die AbfRRL das Ziel einer „Recycling-Gesellschaft", in dem die Erzeugung von Abfall vermieden und Abfall als Ressource verwendet wird. Es soll ein hohes Maß an Effizienz der Nutzung der Abfälle als Ressource erreicht werden.

7 S. Erwägungsgrund 8 der AbfRRL; s. auch Kitzinger, Fn. 4.

8 So fordert der Bundesverband der Deutschen Industrie e. V. (BDI) in seinem 10-Punkte-Papier zur Rohstoffpolitik vom 10.11.2008 unter 6., den Beitrag der sekundären Rohstoffe, wie z. B. Abfälle, Schrotte und Reststoffe, für die Rohstoffversorgung der Industrie, das Verwertungspotenzial von Abfällen und das Nutzungspotenzial sekundärer Rohstoffe durch weitere Verbesserungen der politischen Rahmenbedingungen noch besser auszuschöpfen. Hierzu sollen die Bundesregierung und die Kommission darauf hinwirken, dass die bürokratischen Pflichten für sekundäre Rohstoffe im Rahmen einer Überarbeitung der Leitlinien der Europäischen Agentur (ECHA) zur Umsetzung der REACH-VO abgebaut und sowohl in Europa verfügbare als auch importierte Sekundärrohstoffe von REACH-Obliegenheiten ausgenommen werden. Zum BDI 10-Punkte-Papier s. auch EUWID, Re-Nr. 47 vom 18.11.2008, S. 4.

produkte und -stoffe dahingehend Rechnung getragen werden, dass von chemikalienrechtlichen Stoffprüfungen und Registrierungsverfahren angesichts der abfallrechtlichen Vorgaben abgesehen wird bzw. diese zumindest „verschlankt" werden und die Informationspflichten der Recyclingunternehmen in der Lieferkette nach der praktischen Machbarkeit und Vollziehbarkeit ausgerichtet werden.

4. Zur allgemeinen Diskussion über die Anwendung der REACH-VO auf das Recycling von Abfallstoffen und zu dem Gang der Untersuchung

In der gängigen Diskussion zur Umsetzung der REACH-VO wird überwiegend von Behördenvertretern[9] ohne weitere Differenzierung die These verbreitet, dass die durch Recycling von Abfallstoffen gewonnenen Sekundärrohstoffe und -produkte dem Registrierungsverfahren nach der REACH-VO unterliegen würden. Fragen zur Lösung der sich hieraus ergebenden Durchführungsprobleme für die Recyclingunternehmen bleiben hierbei unbeantwortet.

Diese These beruht auf der Annahme einer Gleichstellung der Recyclingverfahren mit der Herstellung bzw. Rückgewinnung von chemischen Stoffen als solche oder in Zubereitungen, an die die REACH-VO die Registrierungspflicht knüpft. Dieser Auffassung liegt die Prämisse zugrunde, dass mit der Gewinnung der Recyclingstoffe durch die Recyclingunternehmen das Abfallende für die verwerteten Abfallstoffe erreicht ist, so dass der Weg für die Anwendung der REACH-VO auf die recycelten Stoffe eröffnet ist. Von der Anwendbarkeit der REACH-VO als solche wird dabei ohne nähere Untersuchung geschlossen, dass deren Registrierungsverfahren prinzipiell zur Anwendung komme.

Außer Acht gelassen wird dabei das Grundprinzip des Registrierungssystems nach der REACH-VO, wonach derselbe chemische Stoff, der im Zusammenhang mit seiner Herstellung oder dieser gleichgestellt mit seiner Einfuhr in die EU registriert worden ist, in seinem Lebenszyklus nicht ein zweites Mal zu registrieren ist und jede Art der Verarbeitung, Bearbeitung oder jeder andere Gebrauch

9 So vor allem in dem Erläuterungspapier der Dienste der Kommission „Waste and recovered substances", DOC CA24/2008 REV. 2 vom 29.10.2008, erstellt nach dem 5. Treffen der Vertreter der zuständigen Behörden für die Einführung der Verordnung (EG) (REACH-VO), S. 7.

in derselben Lieferkette eine registrierungsfreie Verwendung dieses Stoffes ist.[10] Da derselbe hergestellte Stoff nicht ein zweites Mal als identischer Stoff hergestellt werden kann, folgt daraus bereits, dass Recyclingverfahren, durch die dieselben chemisch identischen Stoffe wie die ursprünglich hergestellten Stoffe chemisch unverändert als Stoffe als solche oder in Zubereitungen gewonnen werden, nur eine Art der Verwendung dieser Stoffe sein kann und die mit den Ursprungsstoffen identischen recycelten Stoffe registrierungsfrei sind.

Da Recyclingverfahren jedoch auch auf die Gewinnung neuer oder chemisch veränderter Stoffe ausgerichtet sein können und es sich dabei um eine registrierungspflichtige Herstellung handeln kann, ist auf die Verschiedenartigkeit der einzelnen Recyclingverfahren und ihre stofflichen und technologischen Voraussetzungen und die gewonnenen Recyclingstoffe (nachstehend in den Abschnitten II und III) und deren rechtliche Behandlung nach dem Abfallrecht und der REACH-VO (nachstehend unter Abschnitt IV und V) einzugehen.

---

10 Dieses Grundprinzip ist in der REACH-VO dadurch verankert, dass die Verwendung chemischer Stoffe im Sinne des Art. 3 Nr. 24 REACH-VO nicht in die Registrierungspflicht nach Art. 6 Abs. 1 REACH-VO einbezogen ist, die sich auf Herstellung und Einfuhr als registrierungspflichtige Vorgänge beschränkt.

Teil II.
Formen des Kunststoffrecyclings – die stofflichen und technischen Voraussetzungen für das Kunststoffrecycling

1. Stoffströme und Recyclingtechnologien als Rechtstatsachen

Die regulative Erfassung des Kunststoffrecyclings an der Schnittstelle zwischen Abfallrecht und Chemikalienrecht ist nur sinnvoll möglich, wenn den materialbedingten und technologischen Voraussetzungen des Kunststoffrecyclings Rechnung getragen wird. Zu berücksichtigen sind die im Kunststoffrecycling zu behandelnden Stoffströme und die Recyclingtechnologien. Die durch Recycling zu verwertenden Kunststoffmaterialien, die aus den Verbrauchsgütern oder den Abfällen zurückgewonnen oder aus diesen verwertet werden sollen, sind als Einsatzmaterialien für den Recyclingprozess zu betrachten und die durch Recycling gewonnenen Sekundärrohstoffe und -produkte sind hinsichtlich ihrer Einsatzfähigkeit für die Herstellung der Kunststofferzeugnisse mit den Original-Kunststoffen zu vergleichen, die sie in der Endproduktion ersetzen.

Allgemein lässt sich sagen, dass die Kunststoffströme, die dem Recycling unterworfen werden sollen, in ihrer Vielfalt und der Verschiedenheit der chemischen Stoffverbindungen und ihrer Eigenschaften hohe Wissensanforderungen an die Recyclingunternehmen stellen. Jeder Kunststoff hat ebenso Vorzüge wie auch materialbedingte Grenzen in seiner Anwendbarkeit. Seiner Verarbeitungsfähigkeit in den Recyclingverfahren und der Verwendbarkeit in der Endproduktion von industriellen Gütern oder Konsumprodukten ist Rechnung zu tragen.

Grundsätzlich sind alle Kunststoffe recycelbar. Jedoch werden die Möglichkeiten des Kunststoffrecyclings von Kunststoffabfällen und Abfällen, die Kunststoff enthalten, durch die Art der polymeren Kunststoffe und die Wirtschaftlichkeit des Recyclings begrenzt.

2. Kunststoffrecycling als Teil des Lebenslaufes der Kunststoffe

Zur Beurteilung der Stoffströme für das Kunststoffrecycling ist zunächst auf den möglichen Lebenslauf der Kunststoffe von ihrer Herstellung in der chemischen und petrochemischen Industrie über ihre Verwendung in der Produktherstellung bis zu ihrer Entsorgung als Abfälle einzugehen.

Dieser Lebenslauf lässt sich durch das Prozessketten-Fliesschema der Abbildung 1 am Beispiel eines Kunststoffs zur Herstellung von Verpackungsmaterial verdeutlichen:

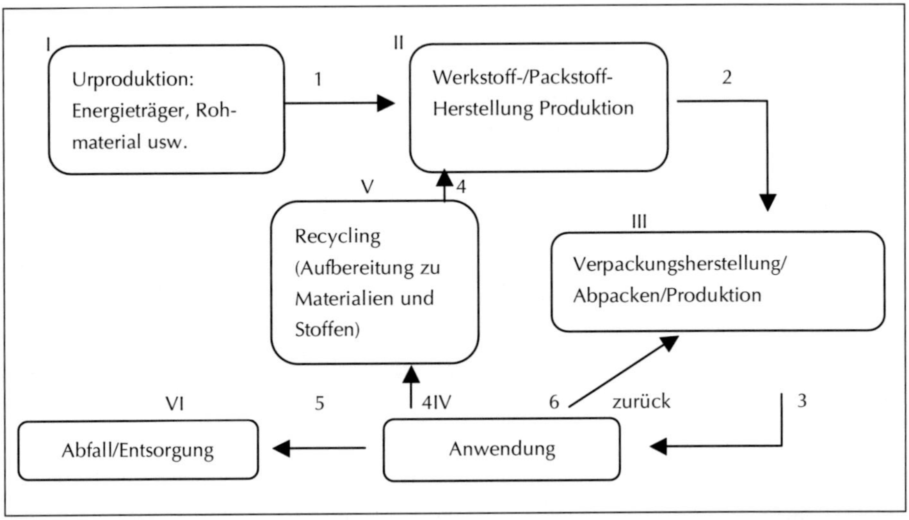

Abbildung 1: I bis VI stellen Prozesse dar, I bis IV behandeln Produkte, V und VI Abfälle, 1 bis 5 bezeichnen Lieferwege.

Die Abbildung 1 zeigt hinsichtlich der Recyclingstoffe und -produkte, dass sich in dem Lebenslauf der Stoffströme an die Stoff- und Produktphase mit den stoff- und produktbezogenen Prozessen der Herstellung der Stoffe, deren Weiterverarbeitung zu Erzeugnissen und deren Verwendung durch den Verbraucher eine Abfallphase anschließt, in der verwertbare Stoffe und Produkte durch Recyclingverfahren aus den Abfallmaterialien gewonnen werden, die dann wieder in den stoff- und produktbezogenen Kreislauf als Stoffe oder Zubereitungen eingeführt werden. In dieser Abfolge der Stoffströme findet zunächst das Stoff- und Chemikalienrecht, dann das Abfallrecht und danach wiederum das Stoff- und Chemikalienrecht Anwendung.

Zu ergänzen ist das Fließschema der Abbildung 1 durch die produktionsinterne Wiederverwertung der Reststoffe in der Produktionsstufe der Herstellung des Kunststofferzeugnisses der Abbildung 2:

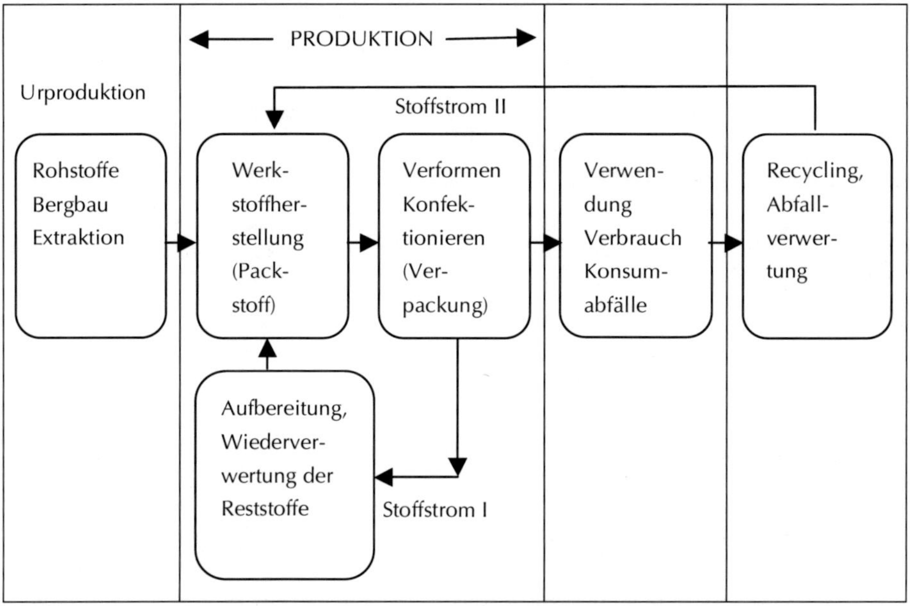

Abbildung 2: Stofffluss während des Lebenslaufes eines Produktes einschließlich der Produktionsstufe und der Abfallverwertung.
Abbildung 1 und 2 nach Thalmann, Ökobilanzen für Kunststoffe, in: Menges/Michaeli/Bittner, S. 21, 22.

Aus der Abbildung 2 wird deutlich, dass Produktionsrückstände, Fehl- und Überschussmaterial bei der Verformung und Konfektionierung der Kunststoffe in der Produktion anfallen und dann noch in der Produktionsstufe aufbereitet und wiederverwertet werden, indem sie als Einsatzstoffe der Herstellung der Kunststoffmaterialien zurückgeführt werden (Stoffstrom I).

Die produktionsbestimmte Wiederverwertung von Produktionsrückständen, Reststoffen, Fehl- und Überschussmaterial im Produktionsbereich unterliegt dem Stoff- und Chemikalienrecht, nicht dem Abfallrecht. Wir bezeichnen die produktionsinterne Wiederverwertung dieser Produktionsrückstände und Reststoffe nicht als Recycling, weil sich dieser Begriff nur auf die Wiederverwertungsverfahren von Abfallstoffen bezieht. Die 2. Anfallstufe von Recyclingmaterial beginnt nach der Verwendung der Kunststoffprodukte zur Weiterverarbeitung oder nach dem Verbrauch der Kunststofferzeugnisse durch die Endverbraucher. Die Verwertung dieser Produktionsabfälle oder Konsumabfälle (Stoffstrom II) ist das Recycling von Abfallmaterialien und unterliegt dem Abfallrecht. Nur dieses Verwertungsverfahren ist Gegenstand der nachstehenden Untersuchung.

3. Arten des Kunststoffrecyclings

3.1 Die Einteilung der Kunststoffrecyclingverfahren

Bei dem Kunststoffrecycling als Verfahren zur Aufbereitung der Abfälle zur Wiederverwertung ihrer stofflichen Bestandteile und Inhaltsstoffe kann nach der Verwertungsart und nach dem Verwertungsergebnis unterschieden werden[11] in

- werkstoffliches Recycling, bei dem die Kunststoffe in ihrer chemischen Identität erhalten bleiben, also als nicht chemisch veränderte Stoffe[12] anfallen,
- chemisches Recycling, bei dem durch chemische Umwandlung chemische Stoffe anderer chemischer Identität als die wiederverwerteten Kunststoffe entstehen, und
- energetisches Recycling, durch das der Energiegehalt der Kunststoffe in Form des Brennwertes durch thermische Verwertung zurückgewonnen wird.

3.2 Werkstoffliches Recycling

Bei dem werkstofflichen Recycling (auch „materielles Recycling" genannt) werden die Kunststoffe mechanisch und physikalisch behandelt. Die chemische Identität der Kunststoffpolymere bleibt bewahrt, denn die Summenformel (Molekularformel) und Strukturformel (chemische Struktur) erfahren keine Änderungen. Ziel des werkstofflichen Recyclings ist es, eine Werkstoffrückgewinnung zu erreichen, so dass der gewonnene Sekundärkunststoff wieder in dem Verarbeitungsprozess eingesetzt werden kann. Werkstoffliche Recyclingverfahren bieten sich für alle thermoplastischen Kunststoffe an, jedoch nicht für Duroplaste und Elastomere.

---

11 Zu dieser Einteilung der Recyclingmöglichkeiten vgl. statt aller: Koll, Der Markt für Sekundärrohstoffe, Teil 6 Altkunststoffe, Berichte zur Kreislaufwirtschaft, Bericht 4/1996, MTE Umweltberatung GmbH, Oberhausen, S. 6; Michaeli/Bittner, Recycling durch Umschmelzen, in: Menges/Michaeli/Bittner, Recycling von Kunststoffen, 1992, S. 209, 210; Esser, Verwertung von Kunststoffen in Haus- und Gewerbemüll, in: EP2000, S. 21, 22; bvse Kunststoffrecycling, Das Recyclingnetz 2000, S. 5, 6; Gutknecht, Recycling von Kunststoffabfällen, in: wlb 2006, S. 55.

12 Nach Art. 3 Ziff. 40 REACH-VO ist ein nicht chemisch veränderter Stoff ein „Stoff, dessen chemische Struktur unverändert bleibt, auch wenn er einem chemischen Verfahren oder einer physikalischen mineralogischen Umwandlung, z. B. zur Beseitigung von Verunreinigungen, unterzogen wurde".

3.3 Chemisches Recycling

Beim chemischen Recycling, auch als „rohstoffliches Recycling" bezeichnet, werden die Kunststoffpolymere in den gebrauchten Kunststoffen in ihre molekularen Bauteile zerlegt und diese als Recyclingstoffe gewonnen. Ziel des chemischen Recyclings ist die Gewinnung der Ausgangssubstanzen der in chemischen und petrochemischen Verfahren hergestellten Stoffe als Sekundärrohstoffe oder auch neuer Polymere und Polymerverbindungen, die zur Herstellung neuer Kunststoffe und anderer chemischer Produkte eingesetzt werden können. Bei den Kunststoffen wird auf verschiedene Weise der Abbau der Polymermoleküle zu niedermolekularen Substanzen angestrebt. Wesentliche Verfahren des chemischen Recyclings sind die Hydrolyse und Alkoholyse von Polyurethanen, die Alkoholyse von Polyestern und Polyamiden und die Alkoholyse von Kunststoffgemischen.

Chemisches Recycling bietet sich an, wenn Kunststoffe nicht plastifizierbar und Gemische physikalisch nicht trennbar sind. Damit hat das chemische Recycling dort praktische Bedeutung, wo ein werkstoffliches Recycling unmöglich oder zu aufwendig ist, z. B. wenn Kunststoffe gemischt oder im Verbund vorliegen. Sind z. B. Polyester und/oder Polyamide und Polyurethane vergesellschaftet, ist nur ein chemisches Recycling möglich.

Bei allen chemischen (rohstofflichen) Recyclingverfahren werden die Kunststoffe als Agglomerate eingesetzt. Bei diesen Verfahren sind im Gegensatz zu dem werkstofflichen Recyclingverfahren weder gesonderte Waschvorgänge noch eine Trennung der Kunststoffarten erforderlich.[13]

3.4 Unterscheidung der Kunststoffrecyclingverfahren nach den gewonnenen Kunststoffen gleicher Gestalt oder anderer Gestalt

Eine weitere Unterscheidung der Wiederverwendung bzw. Wiederverwertung von Kunststoffen aus Kunststoffabfällen lässt sich dahin treffen, ob diese in der gleichen Gestalt oder für den gleichen Verwendungszweck wie die Kunststoffe aus den Kunststoffprodukten erfolgen oder die Wiederverwertung in anderer Gestalt oder für andere Verwendungszwecke vorgenommen wird.

Kunststoffprodukte lassen in weiten Bereichen Zweitverwertungen zu, wie z. B. die Kunststoffe in Verpackungsgebinden, die zu Fässern im Hobbygarten-

---

13 Bauer, Alkoholyse – chemisches Recyclingverfahren für Polyurethane und gemischte Kunststoffabfälle, in: Menges/Michaeli/Bittner/ a.a.O., S. 265 ff.

bereich verarbeitet werden, oder Altautoreifen, die runderneuert werden oder in der Landwirtschaft zum Beschweren von Abdeckungen von Silagen oder in Hafenbetrieben als Puffer an den Hafenanlagen oder an den Schiffen verwendet werden.

3.5 Zusammensetzung der Kunststoffe

Kunststoffe bestehen aus Kunststoffpolymeren und Fremdstoffen, deren Anteile in einem Kunststoff bis zu 50 % betragen können.[14] Als Polymere werden in der Chemie makromolekulare Verbindungen bezeichnet, die aus lauter gleichen oder gleichartigen Molekülen, den Monomeren, aufgebaut sind. Makromoleküle sind Moleküle mit hoher Molekülmasse. Die chemischen Reaktionen, die vom Monomer zum Polymer führen, sind Polymerisation, Polykondensation und Polyaddition.[15]

Fremdstoffe in den Kunststoffen können z. B. Stabilisatoren zur Verbesserung der Licht- und Wärmebeständigkeit, Weichmacher, Flammhemmer sowie Verstärkungsfasern aus Glas, Aramid oder Kohlenstoff zur Verbesserung der mechanischen Eigenschaften oder Füllstoffe wie z. B. Kreide sein.

Von den geschätzten 5.000 verschiedenen Kunststoffarten haben etwa 50 größere wirtschaftliche Bedeutung. Dabei entfallen 90 % der weltweiten Gesamtproduktion auf Polyethylen (PE), Polyvinylchlorid (PVC) und Polystyrole (PS).

Nachstehend werden die technisch wichtigsten Polymere im Überblick dargestellt:

Monomeres	Polymeres	Name (Kurzbezeichnung)	Eigenschaften	Verwendung	Syntheseweg
1. Polyalkene					
$H_2C{=}CH_2$ Ethylen	$-[CH_2-CH_2]_x-$	Polyethylen (LDPE) (low density PE)	biegsam, zäh, wachsartig	Folien, elektr. Isolation	radikalisch
		Polyethylen (HDPE) (high density PE)	schlagzäh, steif	Flaschen	Ziegler-Natta
$H_2C{=}CH-CH_3$ Propylen (Propen)	$-[CH_2-CH(CH_3)]_x-$	Polypropylen (PP) isotaktisch	starr, zäh	Formteile, fettbeständige Verpackungen	Polyinsertion
		syndiotaktisch	elastisch	Folien	
		Stereoblock	gummiartig	Dachabdeckung	

14 Koll, a.a.O., S. 3.

15 Vgl. Mortimer/Müller, Chemie, Basiswissen der Chemie, 9. Auflage 2007, S. 259.

Monomeres	Polymeres	Name (Kurzbezeichnung)	Eigenschaften	Verwendung	Syntheseweg
$H_2C{=}CH{-}C_6H_5$ Styrol (Phenylethen)	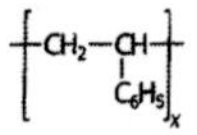	Polystyrol (PS)	hart, starr, transparent, nicht UV-stabil	Formteile, Packmittel, Wärmeisolation	radikalisch
$H_2C{=}CH{-}CH{=}CH_2$ 1,4-Butadien	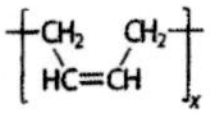	*cis*-1,4-Polybutadien (BR)	elastisch	Autoreifen	anionisch; Polyinsertion
$F_2C{=}CF_2$ Tetrafluorethylen	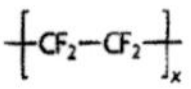	Polytetrafluorethylen (PTFE, Teflon)	temp.-beständig, chem. resistent, unbrennbar	Gefäße für aggressive Stoffe	radikalisch
$H_2C{=}CH{-}Cl$ Vinylchlorid (Chlorethen)	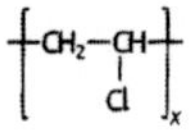	Polyvinylchlorid (PVC)	gut formbar, Härte durch Zusätze („Weichmacher") variierbar	Baumaterial, Verpackung, Kunstleder, elektr. Isolation	radikalisch
$H_2C{=}CH{-}CN$ Acrylnitril (Propensäurenitril)	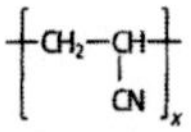	Polyacrylnitril (PAN) Dralon, Orlon	zugfest, verspinnbar	Textilien	radikalisch
$H_2C{=}C(CH_3){-}COOCH_3$ 2-Methylacrysäuremethylester (2-Methylpropensäuremethylester	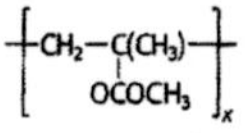	Polymethacrylsäuremethylester (PMMA, Plexiglas)	hart, glasklar, wetterbeständig, spröde	Kunstglas	radikalisch
2. Polyester					
HOOC–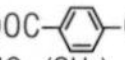–COOH $+HO{-}(CH_2)_2{-}OH$ Terephthalsäure + Glykol	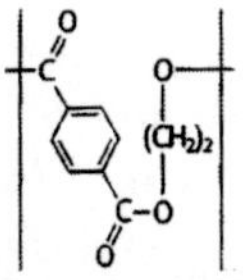	Polyethylenterephthalat (PET)	verspinnbar, steif	Formteile, Textilien, Getränkeflaschen	Polykondensation
3. Polycarbonate					
$(H_3C)_2C(C_6H_4OH)_2$ $+ OCCl_2$ 2,2-Bis-(*p*-hydroxyphenyl)-Propan + Carbonylchlorid	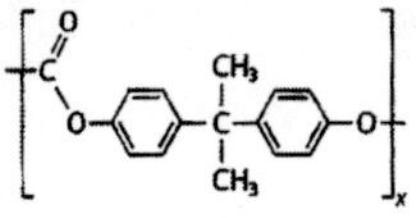	Bisphenol-A-polycarbonat (PC)	hart, glasklar, wetterbeständig	Kunstglas, CDs	Polykondensation
4. Polyamide					
$HOOC{-}(CH_2)_4{-}COOH +$ $H_2N{-}(CH_2)_6{-}NH_2$ Hexandisäure (Adipinsäure) + 1,6-Diaminohexan	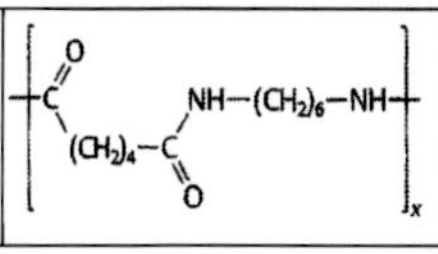	Polyamid 66 (PA 66, Nylon)	steif, zäh, reißfest	Formteile, Taue, Teppiche	Polykondensation
4. Polyurethane					
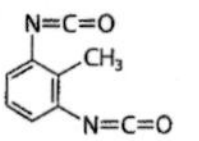 $+ HO{-}(CH_2)_2{-}OH$ 2,6-Diisocyanattoluol + Glykol	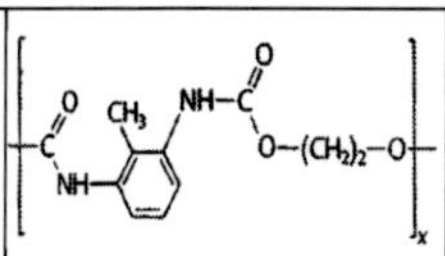	PUR (Desmodur, Moltopren)	unterschiedlich je nach Zusammensetzung	Lacke, Klebstoffe, Schaumstoffe	Polyaddition

Überblick über wesentliche technische Kunststoffe (Quelle: Mortimer/Müller, a.a.O.,S. 584–585)

4. Polymere Kunststoffe und ihre Eigenschaften

4.1 Anforderungen an die Eigenschaften der Kunststoffe

Die Möglichkeiten der Wiederverwertung der Kunststoffmaterialien in den Abfällen zu anderen Zwecken oder in anderer Gestaltung sind abhängig von den chemischen und physikalischen Eigenschaften der polymeren Kunststoff-Werkstoffe. Die Kunststoffe sind, wie auch der Synthesekautschuk und die Synthesefasern, aber auch die Naturstoffe wie Wolle, Baumwolle, Seide, Holz, Gummi, Leder u. a., aus denen Gebrauchsgüter hergestellt werden, Hochpolymere. Ihre wesentlichen Molekularbausteine sind Makromoleküle, in denen aus Mineralöl gewonnene Monomer-Einheiten zu langen Ketten in flächenhaften oder räumlichen Netzwerken verbunden sind. Aufgrund der besonderen physikalischen und chemischen Eigenschaften, die von der chemischen Natur und der Anordnung der in sie eingegangenen Monomer-Einheiten bestimmt werden, haben die polymeren Kunststoffe ein weites Anwendungsgebiet.

An die Eigenschaften der Kunststoffe und damit auch an die durch Kunststoffrecycling gewonnenen Kunststoffrecyclate werden folgende Grundanforderungen gestellt:

a) Die Kunststoffe müssen in einen fließfähigen Zustand zu versetzen sein, in dem man ihnen die gewünschte Form geben kann, und
b) das so gewonnene Produkt muss je nach Einsatz- und Verwendungszweck eine Kombination bestimmter physikalischer und chemischer Eigenschaften aufweisen, wie z. B. gute mechanische Eigenschaften, elektrische Eigenschaften, Beständigkeit gegen Lösemittel oder gegen andere Einflüsse uvm.

4.2 Die Hauptklassen der Hochpolymere

Die hochpolymeren Kunststoffe lassen sich in die beiden Hauptklassen der Thermoplaste und der Duroplaste (hitzehärtbare Plaste = Kunstharze) einteilen:[16]

Thermoplaste

Wichtigster Kunststofftyp sind heute die Thermoplaste, die etwa 90 % aller Kunststoffe ausmachen. Sie sind aus Ketten-Makromolekülen zusammengesetzt,

16 Neben den Thermoplasten und Duroplasten werden als 3. Hauptklasse die Elastomere genannt, auf die in dieser Darstellung nicht näher eingegangen werden soll. Elastomere sind Formstoffe, die sich in einem ausreichenden Temperaturbereich nahe der Raumtemperatur gummielastisch verhalten. Die Elastomere bestehen aus weitmaschig vernetzten Polymeren. Elastomere sind Natur- und Synthetikkautschuk.

die beinahe unbegrenzt Schmelz-, Form- und Verfestigungskreisläufen unterworfen werden können, die während des Verformungsprozesses voneinander unabhängig bleiben.[17]

Duroplaste (hitzehärtbare Plaste)
Im Gegensatz zu den Thermoplasten können die Duroplaste nicht mehr geschmolzen werden, wenn sie verformt worden sind. Dieses ist dadurch begründet, dass die Kettenmoleküle während des Verformungsvorganges miteinander reagieren und ineinandergreifende dreidimensionale Geflechte bilden. Durch die Erhitzung bei dem Schmelzvorgang würden diese Strukturen zerstört werden. Die Endprodukte aus Duroplasten werden im Hinblick auf die verflochtene Kettenstruktur als „gehärtet", „vulkanisiert" oder „vernetzt" bezeichnet.

4.3 Thermoplaste

Thermoplastische Kunststoffe bestehen aus linearen oder verzweigten Polymeren und erweichen bei Erwärmen wiederholbar bis zur Fließbarkeit. Beim Abkühlen verfestigen sie sich wieder.[18]

Die thermoplastischen Polymere werden von den Herstellern gewöhnlich pulverförmig, als Flocken (Flakes) oder als Granulate an die Weiterverarbeiter geliefert. Bei diesen erfolgt die Formgebung für die vorgesehenen Fertig- oder Halbfertigprodukte, nachdem sie den Grundstoff geschmolzen haben, durch Pressen, Extrudieren, Spritzgießen, Gießen und Ziehen mit Kalander oder Folienblasen. Thermoplaste sind außerdem schweißbar.

Gebrauchte Kunststoffartikel aus Thermoplasten, die zum Recyceln gesammelt werden, haben in den häufigsten Fällen die Grundstoffe
- Polyolefin mit den Untergruppen Polyethylene und Polypropylen
- Polystyrole
- Vinyle und Acrylpolymere, z. B. PVC.

Auf diese wesentlichen Gruppen der Thermoplaste ist zur Kennzeichnung kurz einzugehen:

17 Vgl. zum Folgenden: Deutsche BP AG (Hrsg.), Das Buch vom Erdöl, 4. Aufl., 1978, S. 274 ff.

18 Koll, a.a.O., S. 5.

4.3.1 Olefin (Alkene)-Polymere (Polyolefine-Polyolefin-Kunststoffe, -folien und -fasern)

Die Hauptgruppen der Polyolefine sind Polyethylene mit den Grundtypen LDPE und HDPE, Polypropylen und Olefin-Mischpolymere. Polyolefine haben in ihrem strukturellen Aufbau lange Kohlenwasserstoffketten.[19]

Aus Polyolefinen werden insbesondere formbare Kunststoffe für eine Fülle industrieller und häuslicher Anwendungsbereiche hergestellt. Ihre gewöhnlich regelmäßige Struktur führt dazu, dass die aus ihnen geformten Gegenstände zum Teil kristallinisch, stark und fest sind.

Durch Extrusion und anschließendes Verstrecken werden sehr reißfeste Folien und Fasern hergestellt.

4.3.2 Polyethylen

Die weitverbreitetsten thermoplastischen Kunststoffe in Haushaltsartikeln, Flaschen, Verpackungsfolien und allen Arten von Industriezubehör haben Polyethylen in den Grundtypen LDPE (Polyethylen niedriger Dichte = Low Density Polyethylen) und HDPE (Polyethylen hoher Dichte = High Density Polyethylen) als Grundstoff. Polyethylen niedriger Dichte (PE-LD, PE-LLD) ist vor Polypropylen (PP) und PVC der mengenmäßig weltweit größte Standardkunststoff mit dem Hauptanwendungsbereich im Foliensektor.[20] Polyethylen wird vor allem als Granulat an die kunststoffverarbeitende Industrie geliefert, die hieraus Folien aller Art, Spritzgussteile und Kabelummantelungen herstellt.

---

19 Zum Aufbau der Substanzen durch das Verhältnis der einzelnen Elemente, die in der Substanz vorhanden sind, und der chemischen Struktur der Olefine (Alkene) vgl. Mortimer/Müller, a.a.O., S. 532 ff.
Die Identität einer chemischen Verbindung wird in der heute geltenden Strukturtheorie der organischen Verbindungen durch die Summenformel (Molekularformel) und die Strukturformel (chemische Struktur) bestimmt. Die Summenformel gibt als Verhältnisformel die Prozentzahlen der einzelnen Elemente, die am Aufbau der Substanz beteiligt sind, an. Beträgt z. B. das Atomverhältnis nach der vereinfachten Verhältnisformel C_2H_5NO, so hat ein Vielfaches der Atome in einem Stoff das gleiche Atomverhältnis, wie z. B. $C_4H_{10}N_2O_2$. Das Vielfache der Atome in einem Stoff wird über das Molekulargewicht der Verbindung bestimmt.
Die Strukturformel gibt die Art und Weise der gegenseitigen Bindung der Atome in einem Molekül an (chemische Struktur). Diese chemische Struktur bestimmt die chemischen Eigenschaften der Stoffe.
Die Strukturformel enthält die Konstitutionsformel. Diese gibt Aufschluss über den materiellen Aufbau der Moleküle nach Art und Anzahl der Atome und über die Topologie einer Verbindung (Verbundenheit der Atome). Die Strukturformel enthält weitergehende Informationen über die Geometrie und Topografie der Verbindung, vgl. statt aller Beyer/Walter, Lehrbuch der Organischen Chemie, 24. Auflage, 2004, S. 14–18.

20 Vgl. Müller/Jagdmann, Polyethylen niedriger Dichte, in: KU Kunststoffe 1999, S. 26 ff.

4.3.3 Polystyrole

Da das Polystyrolpolymer, ein durchsichtiger, glasiger Kunststoff, bei Erhitzung auf ca. 80 °C bereits weich wird, werden Spezialitäten von gehärteten oder schlagfesten Polystyrolen, die höhere Erweichungspunkte und größere Festigkeit haben, als Mehrzweck- und schlagfestes Polystyrol unter Einbau von Gummi hergestellt.[21] Sie werden in vielen Farben an die Kunststoffhersteller geliefert, die sie mit Spritzguss, Strangpressen sowie Volumenverformung in Folien zu Formteilen aller Art und Größen verarbeiten, wie z. B. für Kühlschrankeinsätze, Lampenfassungen, Spielzeuge, Elektrozubehör uvm. Geschäumtes Polystyrol wird als Isoliermaterial für Verpackungen, in Bauplatten und in der Kältetechnik verwandt.

Styrolpolymere (ABS, ASA, SAN) werden in vielen Anwendungsbereichen, aufgrund der hohen Anforderungen insbesondere im Automobilbereich und in der Medizintechnik, eingesetzt. Zu ihnen gehören die Copolymere des Styrols mit Akrylnitril (SAN) und Produkte, die mit Butadien- oder Akrylester-Kautschuken, Ethylen, Ethylen/Propylen oder Dien-Terpolymerisaten elastifiziert sind (ABS, ASA und AES), sowie weitere modifizierte Varianten.[22]

4.3.4 Vinyl- und Acryl-Polymere

Aufgrund ihrer Kohlenwasserstoffkette als Grundstruktur, die mit Sauerstoff, Chlor und ggf. andere Elemente enthaltenen polaren Gruppen verbunden ist, sind die Vinyl- und Acryl-Polymere ausreichend feste Kunststoffe mit guten physikalischen Eigenschaften zu ihrer Verarbeitung.

Polyvinylchlorid (PVC)

Einer der wichtigsten Thermoplaste ist Polyvinylchlorid (PVC). Handelsüblich sind Mischpolymere mit geringen Anteilen von Propylen, Vinylacetat, Vinylidenchlorid, Maleinsäure und Acryl-Ester, deren Einbau dem Grundstoff spezielle Eigenschaften wie bessere Verarbeitbarkeit und bessere Wärmebeständigkeit verleiht.

PVC wird zu starren oder unter Beigabe von Weichmachern zu flexiblen Formteilen verarbeitet.

---

21 Läsche/von Roessel, Styrolpolymere, in: KU Kunststoffe, 1999, S. 89.

22 Zu den einzelnen Polystyrol (PS)-typen und ihrer Verwendung s. Läsche/von Roessel, a.a.O., S. 89; Schwaben, Polystyrol, in: KU Kunststoffe 1999, S. 52 ff.

Hart-PVC

Durch Strangpressen, Blasformung und verwandte Verfahren werden PVC und die Vinylchlorid-Mischpolymere bei 180°C zu festen Formteilen verarbeitet.

Um den thermischen Abbau zu verhindern, werden Stabilisatoren (Metallsalze von Fettsäuren, Organozinnverbindungen) und Verarbeitungshilfen, ggf. auch Farbstoffe und Stoffe zur Verbesserung der Stoßfestigkeit (z. B. kantholzartige Mischpolymere auf guter Dehnbasis) zur Herstellung von Hart-PVC hinzugegeben.

Aus dem hochschlagfesten Hart-PVC werden Abflussrohre, Dachrinnen, Regenrohre und ähnliche Profile, Rohrfittings (Spritzguss), geblasene Flaschen uvm. hergestellt.

Weich PVC

Biegsames Weich-PVC entsteht durch Mischen von PVC-Polymeren mit Stabilisatoren, Pigmenten und Weichmachern. Aus Weich-PVC werden z. B. Duschvorhänge, Kabel- und Dichtisolierungen, PVC-Fußbodenbeläge, Gartenschläuche und Regenkleidung hergestellt. Mit Weich-PVC werden auch Gewebe beschichtet sowie Hohlformen und Hohlkörper hergestellt.

4.4 Duroplaste (hitzehärtbare Plaste oder Kunstharze)

4.4.1 Eigenschaften, Herstellung und Verwendung

Unter die duroplastischen Kunststoffe fallen im Wesentlichen Epoxidharze, vernetzte Polyurethane, Harze und Silikone. Duroplastische Kunststoffe sind mengenmäßig bei den Kunststoffprodukten von den Thermoplasten abgelöst worden.

Duroplastische Kunststoffe entstehen dadurch, dass fließbare, meist nicht makromolekulare Vorprodukte unter Bindung chemisch eng vernetzter Makromoleküle miteinander reagieren. Die zu ihrer Herstellung verwendeten monomeren Stoffe haben mehr als zwei reaktionsfähige Gruppen, die gleichzeitig Polymerketten in mehreren Richtungen bilden können und sich schließlich in Netzen verbinden.

Die Bildung des unschmelzbaren Netz-Polymers ist der Härtungsprozess, beim Farb- und Lackfilm der „Trocknungsprozess".

Die duroplastischen Kunststoffe verhalten sich aufgrund ihrer chemischen Struktur ganz anders als die Thermoplaste:

Sind die Duroplaste einmal verformt, können sie nicht wieder geschmolzen werden. Bei ihrem Recycling kommt deshalb ein werkstoffliches Verwertungsverfahren nicht in Betracht. Duroplastische Kunststoffe können nur chemischen Recyclingverfahren unterworfen werden. Bis vor wenigen Jahren wurden Duroplaste so gut wie gar nicht recycelt.

Die Herstellung duroplastischer Kunststoffprodukte erfolgt angesichts dieser Reaktionsvorgänge in zwei Schritten:

Der Kunstharzhersteller liefert dem Former noch schmelzbares Pulver, der Former führt die Netzbildung in seinen Formmaschinen (Pressen, Transferformung, ggf. in Spezialmaschinen, auch im Spritzgussverfahren) durch.

Die wichtigsten duroplastischen Kunstharze sind Harnstoff-Formaldehyd-Materialien, Phenol-Formaldehydharze, phenolische Resole, Aminoplaste.

Die gängigen Produkte sind Elektrozubehör, die in Vier-Komponentenformen hergestellten, hitzehärtende Kleber für Sperrholz und Spanplatten, Kunstharzlacke, Stoff- und Asbestlaminate, äußere Schutzschichten für Raumfahrzeuge (Phenolharze), Haushaltswaren und dekorative Formstücke, schlagfestes Tischgeschirr, elektrische Formteile, Schichtstoffplatten, Einbrennlacke für Metallmöbel uvm.

Weitere duroplastische Kunststofferzeugnisse sind:

Schichtstoffplatten und Formstücke aus glasfaserverstärkten Kunststoffen aus Polyester für leichte Wasserfahrzeuge, Sportautos, Autobuskarossen und Möbel, Bauplatten und Dachbedeckungen, Oberflächenbeschichtungen aus Alkylharzen, Hochleistungskleber, Farben, hitzebeständige Glasfaserlaminate, Gießformen und sonstige Formwerkzeuge, die auf der Basis von Epoxidharzen und komplexer harzbildender Reaktionen hergestellt werden.

4.4.2 Polyurethane-Polymere (PU)

Die Polyurethane-Polymere (PU) werden in vernetzten Produkten verwendet. Ihre Rohmaterialien sind Glykole aus Ethylen und Propylen, zweibasische Säuren, Diamine und Phosgen, aus denen durch Reaktion Polyole mit Urethan-Gruppen entstehen. Sehr harte und flexible Oberflächenbeschichtungen, elastische Fasern und flexible und harte Schäume, die zur Wärme- und Schallisolation in der Bauindustrie verwandt werden, basieren auf Polyurethan. Rund 70 % des Welt-PU-Verbrauchs entfallen auf die Automobilbranche, den Bausektor, die Möbel- und Matratzenindustrie sowie die technischen Isolierungen.[23]

23 Zu den PU-Produkten und ihre Anwendung vgl. Clausius, Polyurethane, in: KU-Kunststoffe 1999, S. 862 ff.

Teil III.
Recyclingverfahren und -technologie beim werkstofflichen Recycling

1. Funktionen des Recyclingprozesses

Der Recyclingprozess beim werkstofflichen Recycling ist, wie vorstehend unter II. 3.2 dargelegt, ein mechanischer und physikalischer Bearbeitungsprozess der Kunststoffabfallmaterialien zur Gewinnung der Kunststoffpolymere in einem für den Weiterverarbeitungsprozess einsetzbaren Zustand.

1.1 Zerkleinerung der thermoplastischen Kunststoffabfälle

Die nach Art, Form und Größe sehr unterschiedlichen Kunststoffprodukte und -ausschussteile müssen wirtschaftlich zu Mahlgut zerkleinert werden, um sie danach als Regranulat, Schnitzel oder Pulver als Grundstoff für neue Kunststoffprodukte verwenden zu können.

1.2 Abtrennen von Fremdkörpern und Staub

Beim Zerkleinern und der anschließenden Weiterverarbeitung des Mahlguts müssen Fremdkörper wie z. b. Metallteilchen entfernt werden. Außerdem muss der Staubanteil (staub-, splitter- und faserförmige Partikel) von dem Mahlgut abgetrennt werden.

1.3 Aufbereitung durch Aufschmelzen und Granulieren

Das Mahlgut muss aufbereitet werden, um zur Herstellung von Halbzeug- und Fertigteilen ein geeignetes Recyclingprodukt zu erzeugen. Im Allgemeinen wird hierzu der gewaschene und zerkleinerte aus Thermoplasten bestehende Kunststoffabfall aufgeschmolzen, d. h. plastifiziert und anschließend granuliert. Abhängig von der Höhe und Dauer der Temperatureinwirkung beim Aufschmelzen findet ein mehr oder weniger starker Abbau der Makromoleküle statt mit der Folge, dass sich die mechanischen Eigenschaften der Kunststoffe verschlechtern. Um dieses auszugleichen und um die Wirtschaftlichkeit der Wiederverwertung der Kunststoffabfälle zu erhöhen, wird oftmals zur Verbesserung der Produkteigenschaften der aufbereitete Kunststoffabfall durch Modifikation gezielt verändert, damit mit einem höherwertigeren Produkt ein besserer Preis im Markt erzielt werden kann (zur Modifikation siehe nachstehend unter 2.5).

1.4 Filtrieren der Kunststoffschmelze zum Ausscheiden von Verunreinigungen

Die Wasch- und Trennprozesse zum Ausscheiden der Verunreinigungen in den Abfallströmen können durch Trennprozesse in der Schmelzphase, wie die Entgasung flüchtiger Bestandteile und die Filtration der verunreinigten Kunststoffschmelze durch Durchlaufsiebe oder Siebscheiben mit Filtersegmenten, die durch die Schmelze gedreht werden, ergänzt oder ersetzt werden.

1.5 Direktextrusion von Halbzeugen

Bei der Direktextrusion von Halbzeugen, z. B. Platten, Folien und Rohren in einem Arbeitsgang wird durch Umgehung der Granulatstufe der Aufschmelzprozess eingespart. Dies kann neben wirtschaftlichen Vorteilen infolge geringerer Investitions- und Betriebskosten einen materialtechnischen Vorteil haben, denn es wird der mit dem Umschmelzprozess verbundene Abbau von Makromolekülen vermieden.

2. Allgemeine Beschreibung des Verfahrens des werkstofflichen Kunststoffrecyclings

2.1 Teilbereiche des Verfahrens

Der eigentliche Verfahrensablauf in Aufbereitungsanlagen für Kunststoffe lässt sich in die Teilbereiche

1. Zerkleinern
2. Waschen
3. Trennen
4. Trocknen
   - mechanisch
   - thermisch
5. Aufschmelzen und Granulieren

einordnen.

2.2 Zerkleinern durch Schneidmühlen zur Herstellung von Mahlgut

Wesentlicher Teil der Kunststoffrecyclinganlagen sind Schneidmühlen, in denen umlaufende Rotormesser und feststehende Statormesser beim Zerschneiden der Kunststoffteile zusammenwirken und so das Mahlgut zerkleinern. In dem Mahlraum von Schneidmühlen wird das Aufgabematerial durch Scherung so lange umgewälzt und zerkleinert, bis die gewünschte Korngröße erreicht und über eine Siebeinrichtung aus dem Mahlraum geleitet werden kann (sogenannter Haufwerkschneider).

Spezielle Schneidmühlen sind konstruktionsmäßig und in der Ausstattung auf alle Arten von Kunststoffabfällen und alle Verarbeitungsprobleme ausgelegt.

2.3 Trennung durch Metallabscheider und Entstaubung

Zum Abscheiden von Metallteilen werden vor der Beschickung der Schneidmühlen und auch hinter der Schneidmühle Metallsuchgeräte und Metallausscheidegeräte eingesetzt. Da ein vollkommen staubfreies Mahlgut praktisch nicht zu erreichen ist, muss der verbleibende Staubanteil (Partikel mit Abmessungen unter 0,5 mm) gezielt aus dem Mahlgut entfernt werden, weil ein zu hoher Staubanteil bei der Verwendung des Mahlguts, das meistens bei der Herstellung der Kunststofferzeugnisse in einem bestimmten Prozentsatz der Neuware beigemischt wird, die Qualität des Endprodukts beeinträchtigen würde.

Zur Entstaubung werden z. B. Schwerkraftwindsichter eingesetzt. Das Entstauben erfolgt im Prinzip dadurch, dass das aus der Schneidmühle abgesaugte Granulat beim Austritt aus dem Zyklon durch einen Streukegel aufgefächert wird und die Staubteilchen von einem Gebläse in ein Behältnis abgesaugt werden.

2.4 Agglomeration und Aufschmelzen in Extrudern

Vor dem Granulieren wird das Mahlgut pressagglomeriert durch Verdichten in Mahl- und Verdichtungsbehältern zu unterschiedlicher Kornform und Korngröße. Beim Agglomerieren durch Friktionswärme und mechanischen Pressdruck mit anschließendem Heißabschlag in einem Agglomerator entsteht infolge Sinterung unterhalb des Schmelzpunktes ein zylinderförmiges Granulat hoher Schüttdichte. Die Agglomeration lässt eine Entgasung und eine Schmelzfiltration jedoch nicht mehr zu.

Höherwertige Granulate entstehen durch Aufschmelzen des Kunststoffs mit Extrudern.

Die Schmelze wird entgast und einer kontinuierlichen Schmelzfiltration unterzogen, um die Fremdstoffe aus der Schmelze zu entfernen.

Je kürzer der Schmelzprozess ist, desto weniger werden die Makromoleküle abgebaut und die mechanischen Eigenschaften des Grundstoffes verschlechtert. Kurzschneckenextruder, z. B. Plastifikatoren haben sich für das Aufschmelzen von PVC-Materialien bewährt.

2.5 Modifikation der Kunststoffrecyclate

Durch Modifikation der recycelten Kunststoffe werden die Produkteigenschaften gezielt verändert, um sie für höherwertige Einsatzgebiete verwendungsfähig zu machen. Hierzu werden die Kunststoffabfälle z. B. mit zweiwelligen Schneckenknetern aufbereitet, indem pulverförmige Zuschlagstoffe (z. B. Kreide, Talkum, zum Teil Glimmer, Kaolin und Bariumsulfat) in Anteilen von 20–80 % in die Kunststoffschmelze eingemischt werden. Die Einmischung dieser Additivstoffe führt nicht zu einer chemischen Umwandlung der Kunststoffpolymere, sondern lässt ein Gemisch aus dem Kunststoffpolymer und den zugemischten Additiven entstehen, das chemikalienrechtlich als Zubereitung einzustufen ist.[24]

In dem Schneckenkneter wird plastifiziert, homogenisiert und unter Vakuum vergast. Anschließend wird die Granulierung im Heißabschlagverfahren oder Strangabzugverfahren durchgeführt.

Eine gute Produktqualität wird erreicht, wenn
- eine schonende Plastifizierung der Kunststoffmischung erfolgt,
- eine minimale spezifische Energieeinleitung vorgenommen wird
- und eine gute Haftung zwischen Füllgut und Kunststoff in der Kunststoffpolymer-/Additivmischung erreicht wird.[25]

---

24 Die Einmischung von Additivstoffen in die Kunststoffschmelze ist von chemischen Veränderungen der Kunststoffpolymere durch chemische Reaktionen z. B. durch katalytische oder radikalische Polymerisation zu unterscheiden. Durch chemische Reaktionen werden dabei die molekularen Verbindungen der Moleküle des Polymers verändert und hierdurch bessere chemische und technische Eigenschaften des Polymers erreicht. Bei diesen chemischen Verfahren handelt es sich nicht mehr um ein werkstoffliches, sondern um ein chemisches Recyclingverfahren. Siehe hierzu nachstehend unter Abschnitt 5.3 zum Sonderschritt des Recyclingverfahrens der INTERSEROH ISR.

25 Wohlfahrt-Laymann, Aufschmelzen und Granulieren, in: Menges/Michaeli/Bittner, a.a.O., S. 137, 144.

2.6 Verstärken und Legieren von Kunststoffabfällen

Verstärken

Um bestimmte mechanische Eigenschaften wie Zugfestigkeit, Schlagzähigkeit, E-Modul uvm. zu verbessern, werden Verstärkungsstoffe in die Kunststoffschmelze eingemischt. Hauptsächlich werden hierzu Glasfasern in verschiedener Form (Rovings, geschnittenes Textilglas mit 3–12 mm Länge, gemahlenes Glas) verwendet, die einen Glasgehalt von normalerweise 15–30 Gew.-% haben.[26]

Ebenso werden zur Herstellung von verstärkten Kunststoffcompounds die gemahlenen, ggf. vorverdichteten Kunststoffabfälle mit Pigmenten, Stabilisatoren und ggf. anderen Additiven im Schneckenkneter plastifiziert und homogenisiert. Es entstehen feste homogene Gemische.[27] Chemikalienrechtlich handelt es sich um Zubereitungen.

Legieren

Unter Legieren wird das Mischen von mindestens zwei Kunststoffen in der Schmelzphase verstanden. Hierdurch können die Eigenschaften und die Verarbeitbarkeit von Kunststoffen stark verbessert werden, z. B. können die Schlagfestigkeit, die Schlagzähigkeit und Steifigkeit erhöht und ein verbessertes Langzeitverhalten auch bei höheren Temperaturen oder ein günstigeres Fließverhalten, eine gute Flammwidrigkeit und eine erhöhte Beständigkeit gegen Umwelteinflüsse erreicht werden. Das Legieren kann erfolgen als

a) homogenes Mischen von in ihrer chemischen Struktur gleichen oder verwandten Kunststoffen ohne Bindung der einzelnen Komponenten,
b) Mischen verschiedener chemisch nicht verwandter Grundstoffe ohne Bindung der einzelnen Komponenten; Zusatzkomponenten werden den Stoffen zugemischt,
c) Herstellen von Kunststoff-Systemen, bei denen verschiedenartige, an sich unverträgliche Molekülketten beim Mischen mindestens teilweise zu Pfropfcopolymeren miteinander verbunden werden, z. B. beim Verwenden von Compatibilizern (Verträglichmachern).[28]

---

26 Wohlfahrt-Laymann, ebenda.

27 Gemische bestehen aus mehreren reinen Stoffen in wechselndem Mengenverhältnis. Die Eigenschaften von Gemischen hängen von dem Mengenverhältnis sowie den Eigenschaften der enthaltenen reinen Stoffe ab. Gemische mit unterschiedlichen Teilen, wie z. B. Sand und Eisenpulver, werden in der Chemie als heterogene Gemische, Gemische mit durch und durch einheitlichen Stoffen, wie z. B. eine Gold-Silber-Legierung, als homogene Gemische bezeichnet (Mortimer/Müller, a.a.O., S. 7).

28 Wohlfahrt-Laymann, ebenda.

Das Legieren gemäß a) ist bei der Abfallaufbereitung durch das Sammeln und Sortieren der Abfälle üblich.

Bei den Legierungen gemäß b) und c) besteht die Hauptkomponente aus Stoffen aus dem aufbereiteten Abfallmaterial, denen die zweite Legierungskomponente in der Regel als Frischmaterial zugesetzt wird. Im Allgemeinen werden hierbei Additive und Compatibilizer hinzugegeben. In den Fällen a) und b) entstehen Gemische im Sinne des chemikalienrechtlichen Zubereitungsbegriffs, im Falle c) entstehen durch chemische Reaktion (Blenden) neue Kunststoffpolymere.

Für das Füllen, Verstärken, Legieren und Färben von Kunststoffabfällen sind spezielle maschinelle Anlagen erforderlich.

3. Die bedeutendsten Anwendungen des werkstofflichen Recyclings von Kunststoffen

Die bedeutendsten Anwendungsbereiche des werkstofflichen Kunststoffrecyclings sind

- die Wiederverwertung von polymerhaltigen Schredderabfällen aus der Altfahrzeug-Wiederverwertung,
- PVC-Abfälle,
- Verpackungsabfälle,
- verschmutze Kunststoffe aus Gewerbe- und Hausmüll.

3.1 Leichtfraktionen aus der Altfahrzeug-Verwertung

Mit dem steigenden Kraftfahrzeugbestand ist die Menge der Leichtfraktion in dem letzten Jahrzehnt ständig gestiegen. Es wird geschätzt, dass die Leichtfraktion etwa 20–25 % des Gewichts eines Kraftfahrzeuges ausmacht. Etwa 100 kg bei neueren Fahrzeugen bestehen aus Kunststoff. In den modernen Kraftfahrzeugen befinden sich bis zu 1.000 Kunststoffteile.

Viele Kunststoffteile aus Altfahrzeugen, insbesondere die Textil/Kunststoffverbunde der Innenausstattung, Autoteile aus vernetzten Polymeren (wie die Elastomere der Autoreifen, Duroplaste) und faserverstärkte Kunststoffe sind einem Kunststoffrecycling schwer zugänglich. Für diese kommt das thermische Recycling aufgrund des hohen Heizwertes des Kunststoffanteils vorrangig in Betracht.

3.2 PVC-Abfälle

Die häufigsten Verwendungsbereiche der PVC-Recyclate sind:

- Rohre
- Hartfolien
- Fensterrahmen
- Bau- und Möbelprofile
- Weichfolien
- Kabelisolierungen
- Fußbodenbeläge
- Sonstige

Es wird geschätzt, dass die PVC-Fensterrahmen in Deutschland einen Marktanteil von ca. 40 % haben. Der durchschnittliche Kunststoffanteil an Fenstern liegt bei 15 kg.

Die PVC verarbeitenden Branchen sind vor allem das Bauwesen, die Elektroindustrie, die Automobilindustrie, die Verpackungsindustrie sowie die Möbelindustrie.

Die lange Nutzungsdauer der PVC-Erzeugnisse ist bemerkenswert:

Etwa 2/3 der PVC-Erzeugnisse haben eine Nutzungsdauer zwischen 15 Jahren bis mehr als 100 Jahre, etwa ¼ zwischen zwei und 15 Jahren, der restliche Anteil bis zu zwei Jahre.

3.3 Verpackungsabfälle

Etwa 20 % der Kunststoffproduktion gehen in die Anwendung als Verpackungen, davon der größte Teil (ca. 60 %) in die Verkaufsverpackungen, die mit der Ware in Berührung kommen, der Rest in Transportverpackungen (z. B. Kanister, Säcke) und Umverpackungen (z. B. Blister).

Alle Kunststoffarten finden sich in den Verpackungen; den größten Anteil in Deutschland stellen die Polyolefine.

3.4 Verschmutzte Kunststoffe aus Hausmüll

Nach den bekannten Hausmülluntersuchungen werden die anfallenden Kunststoffanteile von den Thermoplasten Polyolefine PE/PP, PVC, Polystyrol und Restkunststoffe bestimmt.

Für die Kunststoffaufbereitung der Kunststoffanteile im Gewerbe- und Hausmüll werden folgende Verfahren angewandt:

- fast sortenreine Zurückgewinnung einiger Kunststoffarten durch mechanische Aufbereitung,
- Pyrolyse, Hydrolyse und Alkoholyse, die die Kunststoffe in die elementaren Grundbausteine aufspalten (chemisches Recycling),
- Verpressen scheinhomogener Massen aus vermischten Kunststoffen, wenn ein hoher Anteil eines Trägermaterials wie PE oder PVC vorhanden ist. Diese werden dann zu technisch und wirtschaftlich geringwertigen Produkten verarbeitet.

PVC lässt sich zusammen mit PE nicht aufschmelzen, jedoch lassen sich theoretisch sowohl PE wie auch PVC aus dem Müllabfall selektiv abtrennen.

Für das Sortieren zu verarbeitbaren Kunststoffmaterialien sind verschiedene Trenntechnologien entwickelt worden:

- Trennen nach Kunststoffart mit sensorgestützten Sortiersystemen wie z. B. Nah-Infrarot-Sortiermaschinen,
- Trennen nach Dichte mittels statischer Schwimm-Sink-Verfahren,
- Trennen nach Dichte mittels Hydrozyklonen und Sortierzentrifugen.

Für die Trennung von Einzelkorngemischen ist für Kunststoffe das spezifische Gewicht ein entscheidendes Trennkriterium. Dieses liegt bei Polyolefinen unter 1 kg/dm^3, bei allen anderen nicht geschäumten Kunststoffen über 1 kg/dm.[3]

Die Aufbereitung der Kunststoffe aus dem Hausmüll ist wirtschaftlich und technisch nur möglich, wenn der Input bereits durch gezieltes Vorsammeln und Vorsortieren der Kunststoffmaterialien erfolgt.

Es haben sich hierzu die folgenden Sammelsysteme herausgebildet:

Sammelsystem von Kunststoff

- per Einzelkontainer oder per Mehrfachkontainer (Bring-system),
- per Kunststoffsack (Holsystem),
- per Wertstofftonne (Holsystem).

Für die Aufbereitung der erwünschten und unerwünschten Abfallgegenstände mit den enthaltenen Kunststoffmaterialien haben die Aufbereitungsanlagen Annahmekriterien entwickelt. Ein Beispiel wird in der Abbildung 3 wiedergegeben.

Erwünschte Produkte	Material	Unerwünschte Produkte	Material
Flächiges Material		**Verbundmaterialien**	
Tüten, Tragtaschen, Folienverpackungen	PE/PP/PVC	Softdrinkverpackungen	PE/AL
		Kaffeetüten	PE/AL
Kunststoffsäcke, Abdeckfolien	PE/PP/PVC	Zigarettenschachteln	Al/PE Papier
Agrarfolien	PE	Auto-/Fahrradreifen	EPDM
Film-Folien	PET/PE/PP/PVC	Kunststofftextilien	PA/PET
		Schuhe	EPDM/PUR
Hohlkörper		**Geschäumtes Material**	
Spülmittelflaschen	EVA/PE/PVC	Verpackungsmaterialien/Haushaltsbade-schwämme	geschäumtes PS
Flaschen + Behälter (Lebensmittel)	PET/PVC/PE/PP	Dichtungsmaterialien	
Flaschen + Behälter (Gewerbe)	PVC/PE/PP	Autoverkleidungen/Stoßstangen	
Sonstige		**Sonstige**	
Wäschewannen, Kunststoffkästen, Kunststoffeimer	PE/PP/PVC	Kunststoffprofile mit Metallkern	
Getränkekästen, Mülltonnen	PE/PP	Teppichböden	
		Spielzeug	PE/PP/PA/PVC/PS
		Bälle	PE/Elastomere
		Gehäuse von Elektrogeräten	PE/PP/PVC/Polymere

Abbildung 3: Erwünschte und unerwünschte Kunststoffprodukte für eine Kunststoffaufbereitungsanlage (nach Schröder/Stolzenberg, Verschmutzte Kunststoffabfälle aus Hausmüll, in: Menges/Michaeli/Bittner, S. 393, 398)

4. Besondere Probleme bei der Verwertung spezieller Kunststoffe

Technische und wirtschaftliche Probleme beim Kunststoffrecycling führen dazu, dass von den in Deutschland anfallenden Kunststoffabfällen etwa die Hälfte auf Deponien entsorgt wird, etwa 1/5 verbrannt werden und nur etwa 1/3 stofflich verwertet werden.

Ein Problembereich für das Recycling sind die verschmutzen, vermischten und mit Fremdstoffen verbundenen Kunststoffabfälle. Bei niedrigen Marktpreisen für die entsprechenden Kunststoffmaterialien ist deren Aufbereitung, soweit technisch möglich, in der Regel unwirtschaftlich.

Bei stark verunreinigten und gemischten Kunststoffabfällen insbesondere aus dem Hausmüll und den hausmüllähnlichen Gewerbeabfällen wird aus wirtschaftlichen Gründen nur die Recyclingstrategie „minimale Aufbereitung und direktes Umschmelzen“ verfolgt. Es entstehen qualitativ geringwertige Recyclingprodukte wie Pfähle für den Gartenbereich und die Landwirtschaft, Rohre oder Kästen, Transportpaletten, Komposter, die alle einen geringen Erlös für die Recycler bringen.

„Minimale Aufbereitung" bedeutet, dass eine Zerkleinerung, eine Metallabscheidung und bei hohem Foliengehalt eine Agglomeration, hiernach eine Kunststoffschmelze und eine direkte Formgebung vorgenommen werden.

Bei der Aufarbeitung von Kunststoffmischungen stehen das sortenreine Trennen in der Sammlung und die Aufbereitung im Vordergrund. Ist dieses wirtschaftlich nicht möglich und besteht kein Verunreinigungsproblem, wird die Herstellung von polymeren Kunststoffmischungen durch Aufbereitung verfolgt.

Polymere Mischungen erlangen für die Kunststoffherstellung immer größere Bedeutung, denn durch Blends der Kunststoffe können unter Beimischungen von Zuschlags- und Hilfsstoffen die chemischen und physikalischen Eigenschaften, z. B. die Schlagfestigkeit, verbessert werden und die Eigenschaften der in die Mischung eingegangenen Kunststoffe kombiniert werden.

Der weltweite Blendumsatz ist in den letzten Jahren kontinuierlich gestiegen.

Zur Herstellung der polymeren Kunststoffmischungen müssen die eingesetzten Kunststoffe kompatibilisiert werden, damit nicht oder schlecht mischbare Polymer-Kombinationen miteinander zu Eigenschaftskombinationen verschmolzen werden können. Bei den Reaktionsverfahren werden Verträglichkeitsmacher oder Modifikatoren eingesetzt, deren Preis wesentlich für die Wirtschaftlichkeit ist. Der Einsatz von Blendverfahren im Recyclingprozess ist als chemisches Recycling einzustufen.

Eine Übersicht über die Blendmöglichkeiten von thermoplastischen Kunststoffen ist in der Abbildung 4 wiedergegeben.

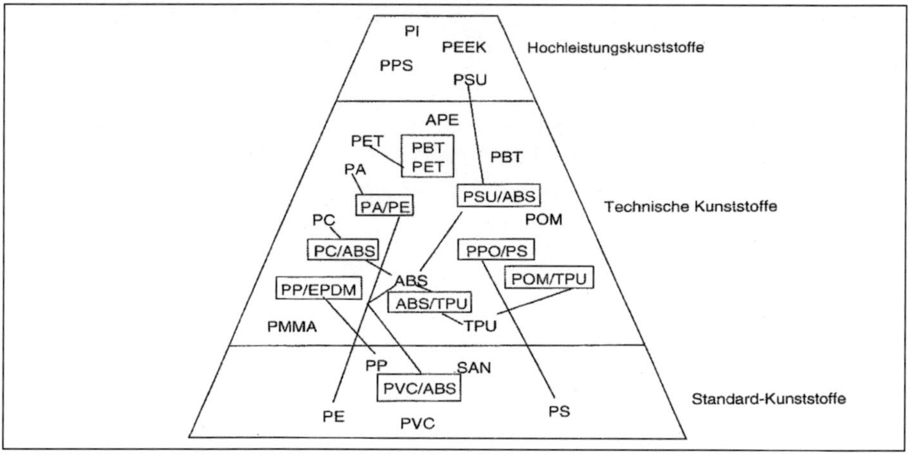

Abbildung 4: Übersicht über thermoplastische Kunststoffe und ihre Blendmöglichkeiten (Quelle: Lemmens, Verträglichmacher für Kunststoffe, in: Menges/Michaeli/Bittner, S. 229)

5. Referenzbeispiele des Kunststoffrecyclings einzelner Firmen

5.1 PVC-Fenstermaterialrecycling der Tönsmeier Kunststoffe Gruppe, Höxter

Die Tönsmeier Kunststoffe Gruppe gewinnt in ihren Recyclinganlagen reine PVC-Kunststoffe aus der Verwertung von PVC-Altfensterprofilen, Fehlchargen und Übermengen von Neufensterprofilen und aus Ausschussware und nicht spezifikationsgerechter Ware, von sonstigen Halbzeugen und Vormaterialien, die für die Produktion gewerblicher und Konsumgüter hergestellt worden waren (Pre-Consumer-Ware), zurück.

Mit den zurückgewonnenen PVC-Kunststoffen werden Fensterprofilhersteller und Produzenten von langlebigen Bauprodukten beliefert, die die von der Tönsmeier Kunststoffe Gruppe erzeugten PVC-Materialien als PVC-Sekundärrohstoffe anstelle von PVC-Neuware in ihrem Herstellungsprozess einsetzen.

Daneben stellt die Tönsmeier Kunststoffe Gruppe selbst aus den durch ihre Wiederverwertungsverfahren gewonnen PVC-Kunststoffmaterialien Formteile (Abschnitte) für Fensterrahmen bzw. Fensterprofile her, mit denen sie Fensterprofilhersteller beliefert.

Die unterschiedlichen PVC-Abfallmaterialströme werden entsprechend ihren Verschmutzungsgraden und entsprechend der spezifischen Gestalt und Zusammensetzung unterschiedlichen Sortier- und Behandlungsanlagen zugeführt. Die unterschiedlichen Recyclingverfahren werden nachstehend unter 5.1.1 bis 5.1.3 beschrieben.

Nur der Vollständigkeit halber sei hier angemerkt, dass die Tönsmeier Kunststoffe Gruppe neben den PVC-Kunststoffen hochwertiges PE, PP, PS und andere technische Kunststoffe sowie Eisen und Metalle sowie NE-Metalle zurückgewinnt, die sie zu Sekundärrohstoffen entweder selbst aufarbeitet oder an Weiterverarbeiter abgibt. Außerdem erhält sie aus dem Recyclingverfahren Holz- und Gummimaterialien, die von anderen Unternehmen der Tönsmeier Unternehmensgruppe weiter aufbereitet werden.

5.1.1 Recycling von Altfenstermaterialien

Unter „Altfenstermaterialien“ werden Fensterprofile, Teile davon oder Formteile verstanden, die aus in Gebäuden eingebauten und somit gebrauchten bzw. verbrauchten Fensterrahmen stammen und als Bauabfälle in die Abfallverwertung gegeben wurden.

Die Verfahrensstufen für die Aufbereitung dieses Abfallstroms werden in der Abbildung 5 wiedergegeben.

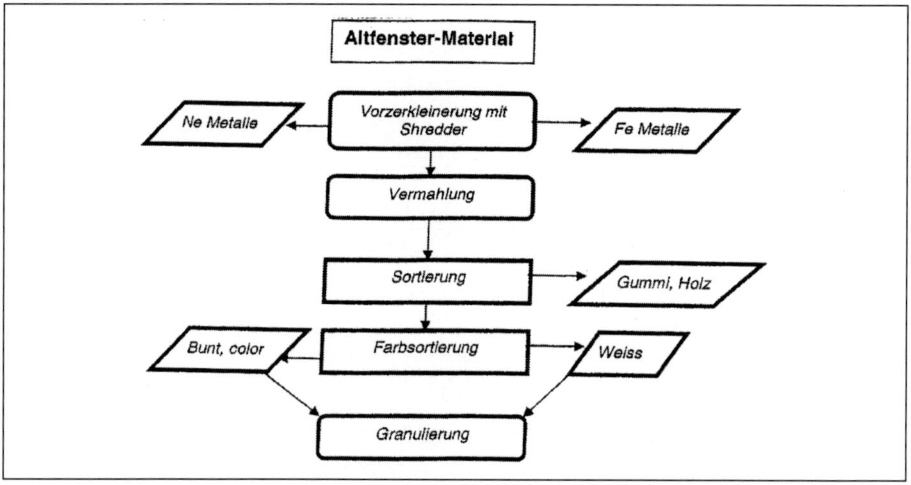

Abbildung 5: Altfenster-Material Recycling

Die Verfahrensstufen sind:

1. Trennen von Eisen- und Metallfremdstoffen
   Aus den angelieferten Altfenstermaterialien werden zunächst Eisen- und Metalle sowie NE-Metalle, die den Schredder beschädigen könnten, mittels Metalldetektoren und Metallabscheidern herausgeholt.
2. Zerkleinerung
   Hiernach wird der Abfall in kleinere Stücke geschreddert und in einer Schneidmühle vermahlen.
3. Sortierung
   Das Mahlgut wird nach Anteilen von Fremdstoffen und Farbstoffen sortiert und von Fremdstoffen wie Metallen befreit.
4. Abtrennen von Fremdstoffen wie Gummi und Holz.
   Zusätzlich erfolgt eine Farbsortierung des Mahlgutes nach den Kategorien „weiß" (weißtönig) und „bunt/color".
5. Aufschmelzen und Granulieren
   Die beiden Farbfraktionen des Mahlgutes werden aufgeschmolzen. In der Schmelze werden organische Fremdbestandteile entgast und es erfolgt eine Filtrierung der noch verbliebenen Verunreinigungen wie z. B. Staub- und Metallpartikel. Danach erfolgt über Siebeinrichtungen eine Granulierung.

6. Die so erzeugten „weißen“ und „bunten“ PVC-Granulate bestehen aus reinem PVC mit einer von den Abnehmern vorgegebenen spezifizierten Reinheit von 99,99 %.
7. Qualitätssicherung
   Im Rahmen der Qualitätssicherung werden der Reinheitsgrad und die Einhaltung bestimmter physikalischer Eigenschaften des wiedergewonnenen PVC-Kunststoffes, die der Abnehmer in den Produktspezifikationen für die bezogenen Granulate vorgibt, überprüft, bevor die PVC-Granulate an die Fensterprofilhersteller oder Hersteller anderer Bauteile ausgeliefert werden.
8. Die Fensterprofilhersteller und Hersteller anderer Bauteile
   setzen die PVC-Granulat-Recyclate anstelle von Neuware ein. Sie schmelzen die Granulate auf und geben sie in die Profilformen, ggf. unter Zusatz von Additiven und Hilfsstoffen.

Bewertung:
Das vorstehend dargelegte Recycling der PVC-Altfenster-Materialien zu reinen PVC-Kunststoffen ist ein ausschließlich werkstoffliches Recycling. Dies bedeutet, dass die PVC-Kunststoffpolymere, aus denen die Altfensterprofile hergestellt wurden, ohne jede chemische Veränderung ihrer polymeren Struktur und ihrer Makromoleküle zurückgewonnen werden. Die Stoffidentität des polymeren PVC-Kunststoffes in dem Inputmaterial für den Recyclingprozess bleibt in dem Recyclingprodukt, den PVC-Granulaten, gewahrt.

Der dargestellte Recyclingprozess hat eine fast 100 %ige Ausbeute des PVC-Kunststoffs. Aus dem recyclierten Altfenstermaterial werden Fremdstoffe und Verunreinigungen getrennt und ausgeschieden, die einen Anteil von etwa 10 % des in dem Recyclingverfahren eingesetzten Abfallstroms haben und in die Abfallentsorgung gehen. Die stoffliche Gesamt-Verwertungsquote (PVC, Eisen-Metalle, NE-Metalle) beträgt ca. 90 %, die PVC-Kunststoffausbeute in dem Recyclingprozess fast 100 %.

5.1.2 Recycling von Pre-Consumer-PVC-Materialien

Die Tönsmeier Kunststoffe Gruppe erhält Formteile, Halbzeuge und Bruchmaterial aus PVC, die noch nicht zur Herstellung von PVC-Fensterprofilen verwendet worden sind (sogenannte Pre-Consumer-PVC-Materialien), entweder typenrein oder gemischt mit anderen Kunststoffen oder Materialien, die nicht aufgeschmolzen werden können. Das Recyclingverfahren ist in der Abb. 6 wiedergegeben:

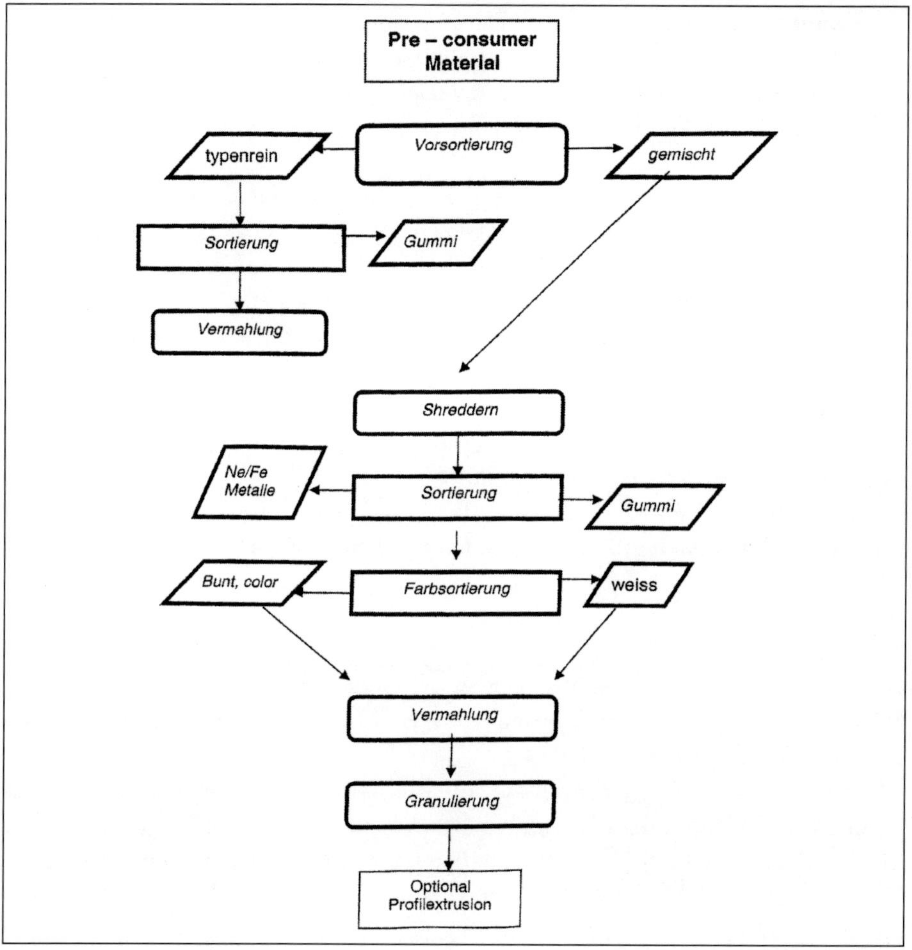

Das Recycling besteht aus folgenden Verfahrensstufen:

1. Vorsortierung in typenreine PVC-Materialien und in Mischungen mit anderen Materialien aus Kunststoffen.
2. Entfernen von Fremdstoffen wie z. B. Gummi aus den typenreinen PVC-Abfallgegenständen, Entfernen der nicht schmelzbaren anderen Materialien als PVC oder der Abfallgegenstände aus anderen Kunststoffen.
3. Zerkleinerung/Herstellung von Mahlgut und Granulierung
   a) Herstellung eines Mahlguts aus den typenreinen PVC-Abfallgegenständen,
   b) Schreddern der Abfallgegenstände aus dem von Fremdmaterialien bereinigten Kunststoffgemisch,

c) danach Sortierung des Schredderguts und Abtrennung von FE-Metall/NE-Metall-Fremdgegenständen und von Gummifremdstoffen, Farbsortierung in „weißes"- und „buntes"-PVC-Material
d) Herstellung des „weißen" und „bunten" Mahlgutes durch Aufschmelzen und Granulierung.

Die hergestellten PVC-Recyclate aus dem typenreinen PVC-Material sind PVC-Pulver. Das Recyclat aus den gemischten Kunststoffen aus den Pre-Consumer-Materialien sind „weiße" und „bunte" PVC-Granulate, die aus Mischungen von PVC und anderen Kunststoffpolymeren bestehen, jeweils mit einem Reinheitsgrad von 99,99 %. Bei den PVC-Pulver handelt es sich chemikalienrechtlich um Kunststoffpolymere, bei den Mischungen chemikalienrechtlich um Zubereitungen.

Bewertung des Verfahrens:
Verfahrensmäßig unterscheidet sich dieses werkstoffliche Recyclingverfahren nicht von dem vorstehend unter Nr. 5.1.1 genannten Verfahren.

5.1.3 Profilextrusion aus PVC-Granulaten

Die PVC-Granulate, die nach Bedarf in der Schmelze mit Additiven und Füllstoffen gefüllt worden sind, werden in Extrudern (Schneckenstrangpressen) zu PVC-Profilen verarbeitet.

Dabei wird die PVC-Formmasse aus den Granulaten von der rotierenden Schnecke der Strangpresse in den beheizten Zylinder eingezogen, gefördert, aufgeschmolzen und durch die profilgebende Düse (Werkzeuge) ins Freie gedrückt. Das Extrudat wird durch weiterführende Anlagen, wie Glätt-, Kühl- und Schneidanlagen übernommen.

Die hergestellten Formteile/Profile werden an Fensterhersteller verkauft.

Bewertung:
Die Profilextrusion der PVC-Granulate zu Fensterprofilen oder -profilteilen ist ein Produktionsprozess zur Herstellung eines technischen Wirtschaftsgutes und kein werkstoffliches Recycling.

5.2 PET-Getränkeflaschen-Recycling der Firma VEOLIA Umweltservice Wertstoffmanagement GmbH, Rostock, nach dem URRC-Verfahren – „Bottle-to-Bottle"-Recycling

Ein Beispiel für die Rückgewinnung des Ausgangskunststoffes in den Abfallmaterialien zu dem Zweck, diesen wiederum zur Herstellung des Ausgangskunststofferzeugnisses einzusetzen (Einsatz für den gleichen Verwendungszweck, s. oben unter II., 3.4), ist das PET-Getränkeflaschen-Recycling nach dem Recyclingverfahren der United Resource Recovery Corp. (URRC-Verfahren).

In Anwendung dieses Verfahrens wird der polymere PET-Kunststoff (Polyethlenterephalat) aus gebrauchten Getränkeflaschen chemisch unverändert zurückgewonnen und als Sekundärrohstoff in Form von PET-Flakes an die Hersteller von Kunststoffflaschen geliefert. Diese schmelzen die PET-Flakes in Spritzgussmaschinen auf und stellen die Flaschen – Kunststoffhohlkörper aus PET – her. Die unter Anwendung des PET-URRC-Verfahrens gewonnenen PET-Flakes haben eine Reinheit von über 99,9 %.

Das aus dem Recyclingprozess gewonnene PET ersetzt bei der Herstellung der neuen Getränkeflaschen neu hergestelltes PET; eine Unterscheidung zwischen Neu-PET und Alt-PET wird aufgrund der Identität des durch Recycling gewonnenen PET und der gleichen Qualität nicht gemacht.

Das Recyclingverfahren besteht aus den Verfahrensschritten der Vorbehandlung, des Hauptprozesses und der Nachbehandlung.[29] Die wesentlichen Funktionen sind:

1. Sammlung des sortenreinen PET-Inputmaterials (gebrauchte PET-Flaschen) und Verdichtung durch Pressen zum Transport,
2. Reinigung (Waschen) des PET-Kunststoffmaterials durch Entfernung von Etiketten, Verschlusskappen und Restinhaltsflüssigkeiten aus den Flaschen, Metallausscheidung durch Dauermagnete in der Ablösetrommel,
3. Zerkleinerung des Kunststoffmaterials durch Schreddern,
4. Aussortieren/Entfernen von Störstoffen,
5. Mechanische Trennung von PET und PE/PP im Schwimm-Sinkverfahren im Trennbehälter,
6. Herstellen des Mahlguts in der Schneidmühle,
7. Versetzen des Mahlguts mit Natronlauge zur Ablösung der Oberfläche des Mahlguts und Zugabe von Additiven im PET-Flakewäscher. Die äußerste

29 Im Einzelnen sind die Verfahrensschritte in der Verfahrensanweisung „Produktion PET" der Cleanaway International GmbH vom April 2006 festgelegt und beschrieben.

Schicht des Mahlguts einschließlich der Verunreinigungen wird hierdurch chemisch abgelöst.

Das PE/PP-Mahlgut wird mechanisch getrocknet, in einer Sichtereinheit von Verunreinigungen wie Papier, Folie, PET getrennt und in der Big-Bag-Befüllstation gefüllt.

Das PET-Mahlgut wird in einem sensorgestützten Metallabscheider durch Ausblasen der metallischen Partikel von den Metallverunreinigungen gereinigt, in einem Mischreaktor mit 50 %-iger Natronlauge homogenisiert, vorgetrocknet, und in einem Drehrohrreaktor wird das mit Natronlauge benetzte Mahlgut in fünf Stufen aufgewärmt. Die PET-Flakes reagieren oberflächlich mit der Natronlauge, die Oberfläche wird abgetragen. Es entstehen die oberflächengereinigten Flakes, Salz und Glykol, das abgesaugt und dem Abgaswäscher zugeführt wird. In zwei Waschstufen werden Feststoffe über ein Bandsieb ausgetragen, das Glykol absorbiert und Staub abgeschieden. Über ein Sieb erfolgt eine mechanische Trennung des im Drehrohrreaktor entstandenen Salzes. Feinstaub wird abgesaugt, nach einer Entfernung der Salzpartikel im Turbowäscher folgt eine Neutralisationsstufe und die Salzreste werden entfernt.

8. Aufschmelzen: Herstellung einer homogenen Schmelze aus PET-Flakes; Befreien des Mahlguts durch hohe Temperaturen und eines Vakuums von flüchtigen Kontaminationen im Vakuumreaktor, Plastifizierung und Homogenisierung in der Extruderschnecke; Filtrierung fester Verunreinigungen aus der Schmelze mittels wechselbarer Siebeinsätze, hiernach Granulierung in der Granuliermaschine, Trocknung, Nachkristallisation des amorphen Granulats.
9. Qualitätsprüfung und Auslieferung der PET-Flakes an die Hersteller von Getränkeflaschen.

Bewertung des PET-Recyclingprozesses:

Es handelt sich um ein werkstoffliches Recycling. Das PET-Einsatzmaterial in den zu verwertenden Getränkeflaschen wird im Recyclingverfahren, insbesondere bei der Abtrennung der Oberschicht des Recyclingmaterials durch Natronlauge nicht chemisch verändert. Der PET-Kunststoff des Recyclats ist mit dem PET-Kunststoff, der zur Herstellung der zu verwertenden Getränkeflaschen verwendet worden ist, chemisch identisch. Die ausgelieferten semikristallinen PET-Flakes haben eine Reinheit von über 99,9 %.

5.3 Recyclingverfahren für Polyolefin-Kunststoffe aus Produktionsabfällen und Post-Consumer-Kunststoffgegenständen der Firma ISR INTERSEROH Rohstoffe GmbH, Köln

Die Firma INTERSEROH ISR gewinnt durch Verwertung von Polyolefin-Kunststoffabfällen aus der Kunststoffverarbeitung, aus verbrauchten bzw. gebrauchten Kunststofferzeugnissen aus den Verpackungsabfällen (gelbe Säcke – sogenannte Post-Consumer-Materialien) und aus defekten Gebrauchsgütern wie Mülltonnen, Eimern, Hohlkörpern, Flaschen und Flaschenkästen 100 % reines Polyolefin-Kunststoffmaterial wie Polyethylen und Propylen zurück. Sie bereitet dieses im Compounder-Verfahren nach den Kundenanforderungen auf und liefert die spezifikationsgerechten Compounds als Sekundärrohstoffe an die kunststoffverarbeitenden Betriebe. Bei vielen Anwendungen ersetzen die in dem Recyclingverfahren hergestellten Polyolefin-Compounds Polyolefin-Neuware aus der chemischen bzw. petrochemischen Industrie vollständig.

Durch einen besonderen chemischen Verfahrensschritt werden zusätzlich die durch werkstoffliches Recyclingverfahren gewonnenen HDPE- und PP-Polymere durch chemische Reaktionen verändert. Hierbei wird die chemische Struktur der Polymere geändert, indem die Molekularverbindungen der Polymere verändert werden und so verbesserte chemische und technische Eigenschaften der Polymere erreicht werden. Die chemischen Veränderungen der durch werkstoffliches Recycling gewonnenen Kunststoffpolymere sind nicht mehr dem werkstofflichen Recyclingverfahren zuzurechnen, sondern stellen die Herstellung von chemisch veränderten Kunststoffpolymeren dar. Dieser Verfahrensschritt ist ein chemisches Recycling.

Das werkstoffliche Recyclingverfahren der INTERSEROH ISR hat folgende Verfahrensstufen:

1. Sortierung
   Die Abfallmaterialien werden getrennt nach den Abfallströmen aus der Produktion und den Post-Consumer-Materialien gesammelt und nach Sorten gemäß den Kunststoffmaterialien Polyethylen und Polypropylen sowie Mischabfällen sortiert.
2. Trennung
   Fremdmaterialien und Fremdstoffe sowie nicht schmelzbare Materialien werden aussortiert.
3. Reinigung
   Die sortierten Kunststoffmaterialien werden gewaschen und weitgehend von Verschmutzungen, Inhaltsstoffen etc. gereinigt.

4. Mahlung
   Die einzelnen Kunststoffsorten werden getrennt gemahlen.
   Das Mahlgut wird im Hinblick auf die spätere Verwendung des Recyclats bei den Kunden auf Restgehalte von Schwermetallen und auf bestimmte physikalische Eigenschaften des gemahlenen Kunststoffs überprüft.
5. Aufschmelzen, Compoundieren und Granulieren
   Aus der Schmelze der Kunststoffsorten werden Restverunreinigungen ausgegast und es erfolgt eine Filtrierung zur Entfernung von Staub- und Metallpartikeln.
   Gemäß den Kundenanforderungen an spezifische physikalische und chemische Eigenschaften des herzustellenden Recyclats werden die Kunststoffmaterialien nach speziellen Rezepturen mit Zusatzstoffen wie Additiven, Füllstoffen, Pigmenten oder Weichmachern in Compound-Maschinen (Verbundmachern) versehen.
   Anschließend werden die Compounds granuliert.
6. Die hergestellten Polyolefingranulate werden einer Qualitätskontrolle unterzogen und als Polyolefin-Kunststoffe zur Herstellung von Kunststofferzeugnissen an die Produzenten geliefert.
   Die Abnehmerfirmen erhalten zu den Recyclaten technische Merkblätter und EG-Sicherheitsdatenblätter.
   In den Lieferverträgen lassen sich in der Regel die Kunden die von ihnen an das bezogene Kunststoffeinsatzmaterial gestellten Anforderungen an bestimmte Eigenschaften des Kunststoffs zusichern und ggf., wie z. B. hinsichtlich der Reinheit oder Schwermetallfreiheit, garantieren.

Bewertung:
Das Recyclingverfahren für die Gewinnung der Polyolefin-Kunststoffe aus den Abfallkunststoffen ist bei der INTERSROH ISR in der ersten Stufe ein werkstoffliches Recycling. Es werden Polyolefin-Kunststoffe gewonnen, die chemisch identisch mit den in den recycelten Abfallströmen vorhandenen Polyolefin-Kunststoffen sind.

Der gesonderte Verfahrensschritt der chemischen Veränderung der recycelten Polyolefin-Kunststoffpolymere durch chemische Reaktion ist ein chemisches Recycling zur Gewinnung chemisch veränderter Polymere.

6. Ende des Recyclingprozesses – Beginn des Produktstatus der gewonnenen Kunststoffe bei den einzelnen Recyclingverfahren

6.1 Werkstoffliches Recycling

Wie vorstehend im Einzelnen dargelegt, ist das werkstoffliche Recycling dadurch gekennzeichnet, dass aus den Kunststoffabfällen durch mechanische und physikalische Aufbereitungsschritte die Kunststoffe zurückgewonnen werden, die dann von den Verarbeitern von Originärkunststoffen als Sekundärkunststoffe verwendet werden. Die Verarbeiter setzen den recycelten Kunststoff anstelle des Originärkunststoffes ein.

Bei der Rückgewinnung des Kunststoffs aus den Kunststoffabfallmaterialien wird der Kunststoff nicht chemisch verändert, denn seine chemische Identität bleibt erhalten, weil seine Summenformel und Strukturformel nicht geändert werden.

Die wesentlichen Schritte des werkstofflichen Recyclingverfahrens sind das Aufbereiten des thermoplastischen Kunststoffabfalls und die anschließende Verarbeitung über die Schmelze, wobei die einzelnen Verfahren je nach Zustand des Kunststoffabfalls und des Verarbeitungsziels unterschiedlich ausgestaltet sind.

Es werden sortenreine und auch Kunststoffgemische nach aufwendiger Aufbereitung und Trennung über die Schmelze zu sortenreinen Kunststofffraktionen verarbeitet, die als Granulate, Flakes oder Pulver an die Kunststoffverarbeiter geliefert werden.

Werden diese Recyclate mit höchster Reinheit (bis zu 100 %) und mit chemischen und physikalischen Eigenschaften des Kunststoffs, wie sie von den Verarbeitern gefordert werden, hergestellt, können die Kunststoffe wie die originären Kunststoffe bei der Kunststoffverarbeitung eingesetzt werden und ersetzen diese im günstigsten Fall im Verhältnis 1:1. Mit der Herstellung dieser Recyclate endet der Recyclingprozess und das Abfallende ist erreicht. Diese Recyclate unterliegen nicht mehr dem Abfallrecht, sondern dem Produktrecht. Die Recycler liefern mit ihrem Recyclat einen polymeren Kunststoff aus, der Produkt und nicht Abfall ist.

Werden dagegen Kunststoffrecyclate hergestellt, die diese Reinheit der originären Kunststoffe und die von den Verarbeitern geforderten chemischen und physikalischen Eigenschaften nicht oder nur teilweise erfüllen, können die durch Recycling gewonnenen Kunststoffrecyclate nicht von den Verarbeitern unmittelbar und nicht als Sekundärkunststoff zur Ersetzung der originären Kunststoffe verarbeitet werden, sondern es bedarf hierzu einer weiteren Aufarbeitung.

In diesen Fällen ist der Recyclingprozess erst mit der Beendigung der weiteren Aufarbeitung oder erst nach Beimengung zu den originären Kunststoffen in den Verschmelzungs- und Formprozessen der Verarbeiter abgeschlossen. Das von dem Recyclingunternehmen gelieferte Recyclat ist solange als „Abfall“ einzustufen, bis der weitere Aufbereitungs- und Bearbeitungsprozess bei den Kunststofferzeugnisherstellern abgeschlossen ist.

Im Problembereich der gemischten Kunststoffabfälle, die wie im Hausmüllbereich verschmutzt, mit anderen Kunststoffen vermischt oder mit Fremdstoffen vorliegen, können die Kunststoffabfälle nur unter kostenträchtiger aufwendiger Aufbereitung durch Sortieren, Trennen und Reinigung zu sortenreinen Kunststoffwerkstoffen oder Kunststoffgemischen aus mehreren Kunststoffen verarbeitet werden.

Erfüllen diese so hergestellten Recyclate die Anforderungen der Verarbeiter an Reinheit und Qualität, sind die sortenreinen Kunststoffrecyclate Produkte und nicht Abfall.

Können keine sortenreinen Trennungen der Kunststoffsorten aus den Kunststoffabfallgemischen vorgenommen werden, scheidet im Regelfall eine Verarbeitung der Kunststoffgemische über die Schmelze aus, da die einzelnen Kunststoffe für ihr Aufschmelzen unterschiedliche Erweichungstemperaturen aufweisen und die einzelnen Kunststoffarten oftmals unverträglich untereinander sind.

Wie unter III., 4. dargestellt, sind der Herstellung von polymeren Kunststoffverbindungen (Blends) durch chemische Reaktionen stoffliche und wirtschaftliche Grenzen gesetzt.

Aus diesem Grund kommt für die Aufbereitung und Verarbeitung der gemischten Kunststoffabfälle nach dem Aufbereitungsschritt der Trennung und Reinigung ein direktes Umschmelzen der Kunststoffgemische in Betracht. Das Mischungsrecyclat aus dem Umschmelzungsprozess ist oftmals verunreinigt und kann nur direkt zu minderwertigen Kunststoffmischprodukten wie Fässern, Paletten, Pfähle etc. für die Landwirtschaft oder für den gewerblichen Bereich verarbeitet werden.

Erst mit der plastifizierenden Formgebung der Mischrecyclate in den Formungsprozessen zur Herstellung der Fertigprodukte bei den Verarbeitern ist der Recyclingprozess beendet und das Abfallende erreicht. Die so hergestellten Fertigprodukte unterliegen dem Produktrecht.

6.2 Chemisches Recycling

Ziel der chemischen Recyclingverfahren ist die chemische Zersetzung der Kunststoffe zur Gewinnung der molekularen Bausteine oder Ausgangsstoffe sowie im Einzelfall die Herstellung veränderter Kunststoffpolymere durch chemische Reaktionsverfahren. Hierbei wird die Molekülstruktur der Kunststoffe gezielt zerstört und die Kunststoffpolymere werden in chemische Stoffe zerlegt oder die chemische Struktur der Polymere verändert. Mit der Gewinnung der neuen chemischen Stoffe nach den chemischen Zersetzungsverfahren wie Hydrolyse, Glykose, Alkoholyse, Hydrierung, Pyrolyse, degradative Extrusion, Synthesegaserzeugung oder Hochtemperaturkonversion ist der Recyclingprozess abgeschlossen.

Die so gewonnenen chemischen Stoffe unterliegen mit ihrer Entstehung dem Produktrecht und nicht mehr dem Abfallrecht.

Teil IV. Abfallrechtliche Rahmenbedingungen für die Einstufung von Kunststoffrecyclaten als Abfall/Produkt (geltende und künftige Rechtslage)

1. Geltendes Abfallrecht

1.1 Vorbemerkung

Die rechtliche Einstufung von Kunststoffrecyclaten als Abfall oder Produkt hängt maßgeblich von den europarechtlichen Vorgaben der Abfallrahmenrichtlinie sowie der Rechtsprechung auf europäischer und nationaler Ebene ab. Mit der novellierten Abfallrahmenrichtlinie vom 19.11.2008[30] (AbfRRL) sind erstmals Maßgaben für das Ende der Abfalleigenschaften im europäischen Abfallwirtschaftsrecht normativ festgelegt worden.[31]

Bislang lagen für die Frage, wann das Ende der Abfalleigenschaft für ein Recyclingmaterial erreicht ist, keine konkreten normativen Vorgaben vor, obwohl es sich um eine der zentralen Fragestellungen des Abfallrechts handelt. Soweit sich die Praxis bislang vor allem an Entscheidungen der europäischen und nationalen Gerichte orientierte,[32] behandelten diese immer nur konkrete Einzelfälle. Die schon seit längerer Zeit bestehende Forderung, die Kriterien für das Ende der Abfalleigenschaft auf europäischer Ebene zu konkretisieren, ist nun im Rahmen des Novellierungsverfahrens zur europäischen Abfallrahmenrichtlinie umgesetzt geworden. Der europäische Gesetzgeber hat nun der Abgrenzung Abfall/Produkt konkrete Konturen verliehen.[33]

Der nunmehr in Kraft getretene Fassung der AbfRRL sind weitreichende legislative Arbeiten vorausgegangen.[34] Dabei stand von Anfang an fest, dass

30 Richtlinie 2008/98/EG des Europäischen Parlaments und des Rates vom 19.11.2008 über Abfälle und zur Aufhebung bestimmter Richtlinien, ABl. vom 22.11.2008, S. 3 ff.

31 S. Art. 6 EU-AbfRRL.

32 Letztverbindliche Konkretisierungen bei der Auslegung des EG-Rechts und damit auch der Abfallrahmenrichtlinie sind gemäß Art. 234 Abs. 1 lit. b) EG dem Europäischen Gerichtshof (EuGH) vorbehalten.

33 So schon die Legislative Entschließung des Europäischen Parlaments vom 17.6.2008 zu dem Gemeinsamen Standpunkt des Rates im Hinblick auf den Erlass der Richtlinie des Europäischen Parlaments und des Rates über Abfälle und zur Aufhebung bestimmter Richtlinien (11406/4/2007-C6-0056/2008-2005/0281 (COD)).

34 S. hierzu u. a. den ersten Kommissions-Entwurf zur Novellierung der Abfallrahmenrichtlinie vom 21.12.2005, KOM (2005) 667 endg., sowie den Standpunkt des Europäischen Parlaments hierzu aus erster Lesung, ABl. C 287 E vom 29.11.2007, S. 136, und den Gemeinsamen Standpunkt des Rates, ABl. C 71 E vom 18.3.2008, S. 16.

vor allem auch im Bereich der Recyclingprodukte mehr Rechtssicherheit für die Wirtschaftsteilnehmer und Behörden geschaffen werden müsse.[35] Diese Position änderte sich auch im Laufe des Gesetzgebungsverfahrens nicht weiter.[36]

Die neue AbfRRL – und insbesondere der neue Art. 6 AbfRRL zum Ende der Abfalleigenschaft – muss allerdings erst noch in nationales Recht umgesetzt werden. Hierfür haben die Mitgliedstaaten bis spätestens zum 12.12.2010 Zeit. Mit ersten Entwürfen für eine Änderung des Kreislaufwirtschafts- und Abfallgesetzes ist zum Herbst bzw. zum Ende des Jahres 2009 zu rechnen. Im Laufe des Jahres 2010 könnte dann die Novellierung des Kreislaufwirtschafts- und Abfallgesetzes abgeschlossen werden. Mit Inkrafttreten des neuen Kreislaufwirtschafts- und Abfallgesetzes wäre aber das Ende der Abfalleigenschaft für Kunststoffrecyclate sicher noch nicht abschließend geregelt, da es der europäische Gesetzgeber dem Komitologieverfahren vorbehalten hat, nach welchen Kriterien im Einzelnen diese Frage zu entscheiden ist. Insofern ist nicht nur die Umsetzung der neuen Abfallrahmenrichtlinie in nationales Recht von Bedeutung, sondern auch der Fortgang des europäischen Abstimmungsverfahrens im Rahmen der Komitologie.

Für die Einordnung von Kunststoffrecyclaten als Abfall oder Produkt kommt es daher vorerst noch auf die Rechtslage an, die sich auf der Grundlage der bis vor kurzem noch geltenden Abfallrahmenrichtlinie (2006/12/EG) sowie der entsprechenden europäischen und nationalen Rechtsprechung herausgebildet hat. Freilich muss schon heute versucht werden, die Wirkung der neuen Regeln der Abfallrahmenrichtlinie auf die Kunststoffrecyclingwirtschaft soweit als möglich zu antizipieren (siehe unter IV.2.).

1.2 Der Abfallbegriff nach europäischem Recht

Der – europäische – Abfallbegriff wurde schon in Art. 1 lit. a) Abs. 1 AbfRRL-alt[37] nicht wesentlich anders bestimmt, als dies künftig aufgrund Art. 3 Nr. 1 AbfRRL der Fall ist. Danach waren Abfälle „alle Stoffe oder Gegenstände, die unter die in Anhang I aufgeführten Gruppen fallen und deren sich ihr Besitzer entledigt, entledigen will oder entledigen muss.“ In Art. 1 Abs. 2 AbfRRL-alt

35 S. Vorschlag der Kommission für eine neue Abfallrahmenrichtlinie vom 21.12.2005, KOM (2005), 667 endg., S. 3.

36 Art. 6 der Legislativen Entschließung des Europäischen Parlaments vom 17.6.2008, (11406/4/2007-C6-0056/2008-2005/0281 (COD)).

37 Richtlinie 2006/12/EG des Europäischen Parlaments und des Rates vom 5.4.2006 über Abfälle, ABl. Nr. L 114 S. 9 (AbfRRL-alt).

hieß es noch: „Die Kommission erstellt nach dem Verfahren des Art. 18 EGV spätestens zum 1. April 1993 ein Verzeichnis der unter die Abfallgruppen in Anhang I fallenden Abfälle. Dieses Verzeichnis wird regelmäßig überprüft und erforderlichenfalls nach demselben Verfahren überarbeitet." Diese Regelung sowie Anhang I entfallen unter den neuen AbfRRL.

Es ist unzweifelhaft, dass die hier in Rede stehenden Kunststoffe, die durch Behandlung bzw. Bearbeitung zu Kunststoffrecyclingprodukten werden, bei Eingang in die entsprechenden Recyclinganlagen die rechtlichen Voraussetzungen des europäischen Abfallbegriffs erfüllen.[38] Auf die komplexen Fragen der Definition des europäischen Abfallbegriffs kommt es daher an dieser Stelle nicht an.

Der Europäische Gerichtshof hat in der Vergangenheit einige Aussagen zu der Abgrenzung Abfall/Produkt getroffen, wenngleich auch nicht immer unter Bezugnahme auf das Ende der Abfalleigenschaft, sondern auch anhand der Fragestellung, wann Stoffe bzw. Gegenstände erst gar nicht in das Abfallregime fallen.[39]

Die Frage, ob ein – noch nicht dem Abfallregime unterliegender – Stoff als Abfall anzusehen ist, hat der EuGH bislang anhand bestimmter Kriterien entschieden. Insoweit ist allerdings darauf hinzuweisen, dass der EuGH niemals aus dem Vorliegen ausschließlich eines dieser Kriterien einen Stoff als Abfall oder als Produkt eingestuft hat. Vielmehr heißt es in den fraglichen Entscheidungen immer wieder: „Diese Anhaltspunkte sind jedoch nicht immer entscheidend; das tatsächliche Vorliegen von Abfall ist anhand sämtlicher Umstände zu prüfen; dabei ist die Zielsetzung der Richtlinie zu berücksichtigen und darauf zu achten, dass ihre Wirksamkeit nicht beeinträchtigt wird."[40] Diese Kernaussage des EuGH zum europäischen Abfallbegriff bildet auch den Maßstab für die Grenzziehung, wann für einen Recyclingstoff das Abfallende erreicht ist.

---

38 Zur Konkretisierung des europäischen Abfallbegriffs und seiner Auslegung, s. bei Kopp-Assenmacher, Aktuelle Rechtsprechung zum deutschen und europäischen Abfallrecht, ZUR 2005, 414 ff. m.w.N.; wichtig sind u. a. folgende Verfahren: Vessoso u. G. Zanetti, verb. Rs. C-206/88, 28.3.1990, Slg. 1990, I-1461 ff.; E. Zanetti u.a., Rs. C-359/88, 28.3.1990, Slg. 1990, I-1509 ff.; Kommission/Deutschland, Rs. C-422/92, 10.5.1995, Slg. 1995, I-1097 ff.; Tombesi u. a., verb. Rs. C-304/94 u. a., 25.6.1997, Slg. 1997, I-3561 ff.; Inter-Environnement Wallonie, Rs. C-129/96, 18.12.1997, Slg. 1997, I-7411 ff.; ARCO Chemie Nederland, verb. Rs. C-418/97, 15.6.2000, Slg. 2000, I-4475 ff.; Palin Granit Oy, Rs. C-9/00, 18.4.2002, Slg. 2002, I-3533 ff.; Mayer Parry Recycling, Rs. C-444/00, 19.6.2003, Slg. 2003, I-6207 ff.; AvestaPolarit Chrome Oy, Rs. C-114/01, 11.9.2003; Saetti u. Frediani, Rs. C-235/02, 15.1.2004; Niselli, Rs. C-457/02, 11.11.2004.

39 Hierzu s. gleich unten.

40 S. nur ARCO Chemie Nederland, Rn. 88; Saetti u. Frediani, Rn. 40.

1.3 Ende der Abfalleigenschaft

Die wenigen Entscheidungen des EuGH zu der Frage des Endes der Abfalleigenschaft ergeben folgendes Bild:

Danach kann die vollständige Durchführung eines Verwertungsverfahrens im Sinne von Anhang II B AbfRRL ein *Indiz* für das Ende der Abfalleigenschaft sein; allerdings endet die Abfalleigenschaft *nicht zwingend* zu diesem Zeitpunkt.[41] So hat der EuGH etwa im Falle der „Mayer Parry"-Entscheidung allein bezogen auf den Begriff der „stofflichen Verwertung" (im Sinne von Art. 3 Nr. 7 der Richtlinie 94/62 (Verpackungsrichtlinie)) das Ende der Abfalleigenschaft unter folgenden vier Voraussetzungen angenommen:

- Ausgangsmaterial der stofflichen Verwertung sind Verpackungsabfälle.
- Der Verpackungsabfall muss einer Wiederaufbereitung in einem Produktionsprozess unterzogen werden.
- Ziel der Wiederaufarbeitung ist die Herstellung eines neuen Materials oder eines neuen Erzeugnisses, das über Eigenschaften verfügt, die demjenigen des ursprünglichen Materials entsprechen.
- Das aufgearbeitete neue Material oder Erzeugnis muss unmittelbar zur Herstellungen von Verpackungen oder zu beliebigen anderen Zwecken – mit Ausnahme der energetischen Verwertung – verwendet werden können.[42]

Grundsätzlich sind die oben genannten Voraussetzungen für das Ende der Abfalleigenschaft von Verpackungsschrott (Mayer Parry) sinngemäß auch auf Kunststoffrecyclingstoffe und -produkte zu übertragen.

Nicht anders verhält es sich mit der Entscheidung des EuGH in Sachen Niselli, wo das Gericht zu Abfällen aus Eisenmaterial ausführt, dass sie so lange als Abfall eingestuft werden müssen, „bis sie tatsächlich zu Eisen- oder Stahlerzeugnissen wiederverwertet worden sind, d. h., bis es sich um fertige Endprodukte des für sie vorgesehenen Bearbeitungsprozesses handelt. In den davor liegenden Phasen können sie nämlich noch nicht als wiederverwertet angesehen werden, da der genannte Bearbeitungsprozess nicht abgeschlossen ist."[43] Das heißt, dass ein unmittelbar einsatzfähiges Recyclat hergestellt worden ist, oder, wenn dies noch nicht der Fall ist, abschließend eingesetzt ist.

---

41 Vgl. ARCO Chemie Nederland, Rn. 94–97.

42 Mayer Parry, Rn. 65–69.

43 Wie Fn. 38, Niselli, Rn. 52.

Fasst man die Rechtsprechung des EuGH zusammen, kommt es für das Ende der Abfalleigenschaft eines Stoffes in erster Linie darauf an, dass er vollständig verwertet oder beseitigt worden ist, das Verwertungs- oder Beseitigungsverfahren also abgeschlossen ist.

1.4 Nationale Ausprägungen des Abfallbegriffs

1.4.1 Normative Vorgaben

Im nationalen Recht ist die maßgebliche Norm für die Abgrenzung von Abfall zu Stoffen, die Produkteigenschaften aufweisen, § 3 KrW-/AbfG. Verwertungsvorgänge beurteilen sich nach §§ 4 ff. KrW-/AbfG.

Der Abfallbegriff nach § 3 KrW-/AbfG erfasst bewegliche Sachen, die Bestandteil des Anhang I zum Kreislaufwirtschafts- und Abfallgesetz sind und derer sich der Besitzer entledigt, entledigen will oder entledigen muss. Er ist mit dem Inkrafttreten des Kreislaufwirtschafts- und Abfallgesetz dem europäischen Abfallbegriff in Art. 1 lit. a) AbfRRL-alt angepasst worden. Das Ende der Abfalleigenschaft wird im KrW-/AbfG jedoch *nicht* legaldefiniert. Insbesondere existiert keine Definition für die Abgrenzung Abfall/Nicht-Abfall (Produkt).

§ 4 Abs. 3 KrW-/AbfG verhält sich jedoch zu den Voraussetzungen der stofflichen Verwertung wie folgt: Danach beinhaltet die stoffliche Verwertung die Substitution von Rohstoffen durch das Gewinnen von Stoffen aus Abfällen (sekundäre Rohstoffe) oder die Nutzung der stofflichen Eigenschaften der Abfälle für den ursprünglichen Zweck oder für andere Zwecke mit Ausnahme der unmittelbaren Energierückgewinnung. Eine stoffliche Verwertung liegt vor, wenn nach einer wirtschaftlichen Betrachtungsweise unter Berücksichtigung der im Einzelnen Abfall bestehenden Verunreinigungen, der Hauptzweck der Maßnahme in der Nutzung des Abfalls und nicht in der Beseitigung des Schadstoffpotenzials liegt.

Das BVerwG hat sich zu dem Abfallbegriff dahingehend geäußert, dass durch Aufarbeitung entstandene Stoffe ab einem gewissen Zeitpunkt nicht mehr dem Abfallregime unterliegen.[44] Der hierfür maßgebliche Zeitpunkt war in dem zitierten Fall nicht entscheidungsrelevant und wurde daher offengelassen. Da gesetzlich fixierte Kriterien zur Abgrenzung Abfall/Produkt auch im KrW-/AbfG

44 BVerwG, Urteil vom 19.11.1998 – 7 C 31/97 –NVwZ 1999, S. 1111.

nicht bestehen, kommt es auch für die nationale Vollzugspraxis auf die Auslegung in Rechtsprechung und Literatur an.

1.4.2 Konkretisierung durch die Rechtsprechung und Literatur

In Anlehnung an die europäische Rechtsprechung (s. oben) betont auch das BVerwG, dass die Abfalleigenschaft eines Stoffes (erst) endet, wenn er vollständig verwertet oder beseitigt worden ist, also die Verwertungs- oder Beseitigungsmaßnahme abgeschlossen ist.[45] Im einschlägigen Schrifttum heißt es, dass immer dann, wenn ein aus Abfällen hergestellter Stoff substituierend für Rohstoffe eingesetzt wird bzw. eingesetzt werden kann, von Sekundärrohstoffen zu sprechen sei.[46] Die Einhaltung von an der Zweckbestimmung des Sekundärrohstoffes orientierten allgemeinen oder gewerblichen Produktionsnormen oder Spezifikationen wird als Indikator für zielgerichtetes Handeln gewertet.[47] Ausdrücklich wird gefordert, dass Recyclate als Sekundärrohstoffe bei zielgerichteter Herstellung aus dem Regime des Abfallrechts zu entlassen sind.[48]

Ferner ist als weiteres Kriterium für eine Zweckbestimmung ein (positiver) Marktwert der hergestellten Sache zu prüfen.[49] Von einem solchen (positiven) Marktwert wird dann ausgegangen, wenn er für den Stoff typischerweise besteht, also nicht nur einmalig oder eher zufällig erreicht wird.[50] Hier sollte es jedoch auch genügen, wenn durch die Verbesserung eines negativen Marktwertes eine wertsteigernde Differenz zwischen dem Zeitpunkt der Annahme des Abfalls beim Recyclingunternehmen und dem Weiterverkauf des Stoffes/Gegenstandes nach dem Recyclingverfahren besteht.

Außerdem wird eine Marktfähigkeit/Marktgängigkeit gefordert; d. h., dass eine gesicherte Nachfrage nach dem hergestellten Stoff bestehen muss. So hat

---

45 S. BVerwG, NVwZ 1999, 1111; zuletzt BVerwG, Urteil vom 14.12.2006 – 7 C 4.06, NVwZ 2007, 338, 338 f.

46 Fluck, in: Fluck, KrW-/Abf-/BodSchR, § 4 KrW-/AbfG Rn. 97 f.; Frenz, KrW-/AbfG, § 4 Rn. 25 f.

47 Vgl. Fluck, a.a.O., § 3 KrW-/AbfG, Rn. 163.

48 Beckmann/Kersting, in: Landmann/Rohmer, § 3 KrW-/AbfG, Rn. 50 m.w.N.; vgl. insoweit auch die durch Verwaltungsvorschriften geregelte Verwaltungspraxis in den Bundesländern Bayern (Neufassung des Vollzugshinweises über Anforderungen an stoffliche Verwertung mineralischer Abfälle/Dauer der Abfalleigenschaft von Recycling-Brennstoffen des Bayerischen Staatsministeriums für Landesentwicklung und Umweltfragen vom 28.11.2001) und Baden-Württemberg, nach der aus Abfällen hergestellte sekundäre Rohstoffe nicht mehr als Abfall zu behandeln sind.

49 v. Lersner, in: v. Lersner/Wendenburg/Versteyl, Recht der Abfallbeseitigung, KrW-/AbfG, Kommentar, Loseblatt, § 3 Rn. 29; Fluck, in: Fluck, a.a.O., § 3 KrW-/AbfG, Rn. 164; Kunig/Paetow/Versteyl, KrW-/AbfG, Rn. 40; in diesem Sinne auch VG Köln, Urteil vom 9.11.2001 – 13 K 7283/99, S. 24.

50 Vgl. Fluck, in: Fluck, a.a.O. § 3 KrW-/AbfG, Rn. 164.

das OVG Münster das Vorliegen eines Produktes von Marktfähigkeit und Marktgängigkeit abhängig gemacht und diese daran gemessen, ob nach gesicherten Erkenntnissen eine Nachfrage besteht. Dann würde eine gezielte Aufbereitung im Rahmen der Verwertung zu einem sekundären Rohstoff führen.[51] Diese Voraussetzung ist bei Bestehen eines positiven Marktwertes in der Regel ohnehin erfüllt.

Das Kriterium der Aufführung eines Stoffes in einem Abfallverzeichnis bezieht sich auf den Zeitpunkt des Anfalls eines Stoffes und hat allenfalls Indizwirkung (Einleitung in der Anlage zu § 2 Abs. 1 AVV – Nr.1, Satz 2).

1.5 Ende der Abfalleigenschaft für Kunststoffrecyclate

Wie oben dargelegt, ist das werkstoffliche Recycling von Kunststoffabfällen dadurch bestimmt, dass aus den Kunststoffabfällen wieder Kunststoffe zurückgewonnen werden, die dann von den Verarbeitern von Originärkunststoffen als Sekundärkunststoffe verwendet werden. Nach Aussagen der betroffenen Kunststoffrecyclingunternehmen werden die aus Kunststoffabfällen wie Fensterprofil-Verwertung, PET-Flaschen-Verwertung, Flaschenkasten-Verwertung hergestellten Sekundärrohstoffe nach ihrer Bereitstellung als Kunststoffrecyclate in der Vollzugspraxis nicht mehr als „Abfall“ behandelt.[52]

Diese Vollzugspraxis ist auch angezeigt, wenn die Recyclate mit höchster Reinheit (bis zu 100 %) und mit den chemischen und physikalischen Eigenschaften des Kunststoffs, wie sie von den Verarbeitern gefordert werden, hergestellt werden. Für Kunststoffabfälle, die in dieser Art recycelt werden, liegt eine der Zweckbestimmung entsprechende aktive Steuerung des Recyclingprozesses vor, ohne dass es weiterer, nachfolgender abfalltypischer Behandlungsverfahren im Sinne des Anhangs II B des KrW-/AbfG bedarf. Vor der Nutzung des stofflichen Potenzials der Kunststoffabfälle werden diese zweckgerichtet behandelt, etwa durch die Entfernung von Verunreinigungen.

Für ohne weitere Verarbeitung einsetzbaren Kunststoffrecyclate liegt auch ein positiver Marktpreis, mithin ein Markt mit einer konstanten Nachfrage vor. Es bestehen entsprechende Handelsverträge, die einen nachhaltigen Absatz der Kunststoffrecyclate belegen.

---

51 Urteil vom 10.12.1999 – 21 A 3481/96 – NVwZ-RR 2000, S. 671, 674.

52 In diesem Sinne Mitglieder des REACH-Arbeitskreises des BDE, Sitzung vom 19.8.2008.

Die Stoffeigenschaften des Kunststoffrecyclats entsprechen den Stoffeigenschaften der zu substituierenden Primärrohstoffe. Die Recyclingunternehmen führen eine entsprechende Qualitätssicherung durch.

Mit der Herstellung solcher Recyclate endet der Recyclingprozess und das Abfallende ist erreicht. Solche Recyclate unterliegen schon heute nicht mehr dem Abfallrecht, sondern dem Produktrecht.

Anders hingegen verhält es sich bei solchen Kunststoffrecyclaten, die nicht in dieser stofflichen Reinheit und damit nicht mit der einem Primärrohstoff entsprechenden Qualität hergestellt werden. Solche Kunststoffrecyclate sind dann noch Abfälle, wenn weitere, nachfolgende abfalltypische Behandlungsverfahren erforderlich sind. In diesen Fällen endet die Abfalleigenschaft erst mit der Beendigung der weiteren Aufarbeitung z. B. in Verschmelzungs- und Formprozessen bei den späteren Verarbeitern.

Insofern kommt es auch bei der Beurteilung des Endes der Abfalleigenschaft etwa von undefinierten Abfällen aus Sammlungen dualer Systeme (Polyolefin-Verwertung) maßgeblich darauf an, ob sie sortenrein und mit welchem Reinheitsgrad bzw. in welcher Qualität die Kunststoffrecyclate hergestellt werden können. Werden hierbei sortenreine Sekundär-Kunststoffe hergestellt, die die oben aufgezeichneten Voraussetzungen erfüllen, handelt es sich auch hier nicht mehr um „Abfall“, sondern um „Produkt“.

2. Abfallrecht nach der neuen Abfallrahmenrichtlinie

2.1 Vorbemerkung

Durch die – bereits oben zitierte – neue Abfallrahmenrichtlinie wird das bestehende Abfallrecht nicht grundsätzlich überholt. Insbesondere die oben dargelegten, über die Jahre entwickelten Grundsätze der europäischen Rechtsprechung zum Abfallbegriff und zum Ende der Abfalleigenschaft werden im Wesentlichen in das europäische „Grundgesetz“ der Abfallwirtschaft aufgenommen.

2.2 Der Abfallbegriff nach neuem europäischen Recht

Die Definition des europäischen Abfallbegriffs, nunmehr in Art. 3 Nr. 1 AbfRRL, ist im Vergleich zu der bisherigen Regelung[53] nahezu identisch geblieben. Ledig-

53 S. hierzu oben.

lich die Verweisung auf Anhang I der AbfRRL (Abfallgruppen) ist entfallen (da dieser selbst entfallen ist). In der Sache ist es beim weiten, umfassenden Abfallbegriff geblieben.[54] Die Diskussion um die Beweglichkeit bzw. Unbeweglichkeit von Abfällen, die vor allem aus deutscher Sicht Bedeutung hatte, braucht hier nicht nachgezeichnet zu werden. Im Ergebnis wird es hier für das deutsche Abfall- (und Bodenschutz-)recht keiner Änderungen bedürfen.

Neu ist dagegen die erstmals in das europäische Abfallrecht aufgenommene Abgrenzung zwischen Abfällen und Nebenprodukten (Art. 5 AbfRRL).[55] In Anlehnung an die bisherige europäische Rechtsprechung[56] können Stoffe oder Gegenstände unter folgenden Voraussetzungen als Nebenprodukte eingestuft werden:

- Der Stoff oder Gegenstand ist das Ergebnis eines Herstellungsverfahrens, dessen Hauptziel nicht die Herstellung dieses Stoffes oder Gegenstandes ist.
- Es ist sichergestellt, dass der Stoff oder Gegenstand weiter verwendet wird.
- Der Stoff oder Gegenstand kann direkt ohne weitere Verarbeitung, die über die normalen industriellen Verfahren hinausgeht, verwendet werden.
- Der Stoff oder Gegenstand wird als integraler Bestandteil eines Herstellungsprozesses erzeugt.
- Die weitere Verwendung ist rechtmäßig, d. h., dass der Stoff oder Gegenstand alle einschlägigen Produkt-, Umwelt- und Gesundheitsschutzanforderungen für die jeweilige Verwendung erfüllt und insgesamt nicht zu schädlichen Umwelt- oder Gesundheitsfolgen führt.

Diese Voraussetzungen müssen kumulativ vorliegen. Art. 5 Abs. 2 AbfRRL sieht für die Präzisierung der Voraussetzungen im Einzelnen die Durchführung des sogenannten Komitologieverfahrens vor, wonach die Mitgliedstaaten unter dem Dach der Kommission gemeinsame Vorgaben für die Durchführung des abstrakten Rechts schaffen können.[57] Klarzustellen ist, dass die durch Recyclingverfahren hergestellten Kunststoffrecyclate schon deshalb keine Nebenprodukte im vorstehenden Sinne sind, weil das Recycling von Kunststoffen auf die Gewinnung dieses Recyclats als Hauptprodukt ausgerichtet ist.

---

54 S. hierzu auch Petersen, AbfallR 2008, 154 ff., sowie ders., ZUR 2007, 449 ff.

55 S. hierzu zum Diskussionsstand zuletzt: Sobotta, ZUR 2007, 188 ff.

56 S. hierzu oben.

57 Zum Komitologieverfahren im Einzelnen: Petersen/Heß, ZUR 2007, 567.

2.3 Ende der Abfalleigenschaft

Die novellierte Abfallrahmenrichtlinie benennt künftig auch erstmals konkrete Voraussetzungen für das Ende der Abfalleigenschaft (Art. 6 AbfRRL). Danach sind bestimmte festgelegte Abfälle nicht mehr als Abfälle im Sinne der Abfallrahmenrichtlinie anzusehen, wenn sie ein Verwertungsverfahren durchlaufen haben und spezifische Kriterien erfüllen. Art. 6 Abs. 1 AbfRRL benennt ausdrücklich, dass „auch ein Recyclingverfahren“ als Verwertungsverfahren in diesem (abfalleigenschaftsbeendenden) Sinne zu verstehen ist. Da nähere Angaben zu dem durchzuführenden „Verwertungsverfahren“ fehlen, kann es sich ggf. auch nur um eine Sichtung mit Sortierung handeln. Insofern kommt es entscheidend auf die spezifischen Kriterien für das Ende der Abfalleigenschaft an:

Als spezifische Kriterien, die für ein Ende der Abfalleigenschaft erfüllt sein müssen, benennt die neue Abfallrahmenrichtlinie:

- Der Stoff oder Gegenstand wird gemeinhin für bestimmte Zwecke verwendet.
- Es besteht ein Markt für diesen Stoff oder Gegenstand oder eine Nachfrage danach.
- Der Stoff oder Gegenstand erfüllt die technischen Anforderungen für die genannten bestimmten Zwecke und genügt den bestehenden Rechtsvorschriften und Normen für Erzeugnisse.
- Die Verwendung des Stoffes oder Gegenstandes führt insgesamt nicht zu schädlichen Umwelt- oder Gesundheitsfolgen.

Die Voraussetzungen müssen kumulativ gegeben sein. Die Abfalleigenschaft endet demnach, wenn diese spezifischen Kriterien insgesamt erfüllt sind. Die genannten Kriterien sind jedoch noch weitgehend abstrakt und müssen konkretisiert werden.[58] Art. 6 Abs. 1 Satz 2 AbfRRL führt aus, dass die Kriterien erforderlichenfalls Grenzwerte für Schadstoffe enthalten und möglichen nachteiligen Umweltauswirkungen des Stoffes oder Gegenstandes Rechnung tragen sollen.

Spezielle Kriterien für das Ende der Abfalleigenschaft sind, so Art. 6 Abs. 2 Satz 2 AbfRRL, u. a. mindestens für

- körniges Gesteinsmaterial,
- Papier,
- Glas,

58 Dies soll gemäß Art. 6 Abs. 2 AbfRRL im Rahmen eines Komitologieverfahrens geschehen.

- Metall,
- Reifen und
- Textilien

in Betracht zu ziehen. Kunststoffe sind ausdrücklich weder hier in Art. 6 Abs. 2 Satz 2 AbfRRL noch in den vorstehenden Erwägungsgründen zur Abfallrahmenrichtlinie aufgeführt. Der Erwägungsgrund Nr. 22 (2. Spiegelstrich) enthält zusätzlich zu den in Art. 6 Abs. 2 Satz 2 AbfRRL ausdrücklich benannten Abfällen auch noch folgende weitere Abfälle:
- Bau- und Abbruchabfälle,
- bestimmte Aschen und Schlacken,
- Kompost.

Die Nichterwähnung von Kunststoffen heißt jedoch keineswegs, dass diese Abfälle nicht für ein „Ende der Abfalleigenschaft" in Betracht kämen. Aus der Aufzählung anderer Abfälle lässt sich – wenn überhaupt – lediglich die Vermutung anstellen, dass der europäische Gesetzgeber für die Konkretisierung der gesetzlichen Kriterien für das Ende der Abfalleigenschaft vorrangig andere Abfälle als Kunststoffabfälle im Auge hat. Es ist also davon auszugehen, dass die Kommission nunmehr nach Verabschiedung der neuen Abfallrahmenrichtlinie vorrangig daran gehen wird, die geforderten Kriterien für das Ende der Abfaleigenschaften bei den oben genannten Stoffen zu entwickeln. Es ist freilich zulässig, gleichzeitig auch für den Bereich der Kunststoffabfälle entsprechende Kriterien zu entwickeln. Ob und inwiefern die Kommission dies aufgreifen wird, ist offen. Einen festen – vor allem terminlich verbindlichen – Fahrplan zur Erstellung von spezifischen Kriterien für das Ende der Abfalleigenschaft von bestimmten Stoffen sieht die neue Abfallrahmenrichtlinie nicht vor.

Doch auch schon ohne die Konkretisierung der spezifischen Kriterien im Rahmen eines Komitologieverfahrens gelten die Kriterien nach Art. 6 Abs. 1 AbfRRL für die Bestimmung des Endes der Abfalleigenschaft. Auch wenn es also aufgrund der Festlegung auf bestimmte Abfälle in der Abfallrahmenrichtlinie auf europäische Ebene nicht zu einer zügigen Vereinbarung der spezifischen Kriterien für das Ende der Abfalleigenschaft bei Kunststoffen kommen sollte, so besteht durchaus die Möglichkeit, für Kunststoffrecyclingstoffe/-produkte das Ende der Abfalleigenschaft zu bestimmen: Dies ist beispielsweise dadurch möglich, dass über Art. 6 Abs. 4 AbfRRL auf nationaler Ebene im Einzelfall entschieden wird, ob bestimmte Sekundärkunststoffe unter Berücksichtigung der geltenden Rechtsprechung (des EuGH) nicht mehr als Abfälle anzusehen sind.

Treffen die Mitgliedstaaten entsprechende Entscheidungen im Einzelfall, teilen sie diese der Kommission mit.[59]

Auch unabhängig von einer Einzelfallentscheidung eines Mitgliedstaates wird man aber Art. 6 Abs. 1 AbfRRL anwenden dürfen. Die neue Abfallrahmenrichtlinie schreibt nicht vor, dass ein Ende der Abfalleigenschaft für einen bestimmten Stoff oder Gegenstand erst dann gegeben ist, wenn hierfür eine Entscheidung auf europäischer Ebene (Stichwort: Komitologieverfahren) oder auf nationaler Ebene (Stichwort: Einzelfallentscheidung) getroffen wurde. Möglich sind daher weiterhin individuelle Entscheidungen in der Vollzugspraxis in den jeweiligen Mitgliedstaaten, solange sie dem geltenden Abfallrecht nicht entgegenstehen.

Für die Unternehmen des Kunststoffrecyclings bedeutet der zur Zeit stattfinde Umbrauch im Abfallwirtschaftsrecht, dass aktuell kaum zu prognostizieren ist, unter welchen Bedingungen recycelte Kunststoffe künftig – also sowohl nach Inkrafttreten der neuen Abfallrahmenrichtlinie als auch ihrer Umsetzung in das Recht der Mitgliedstaaten – als „Abfall" oder als „Produkt" einzustufen sind. Angesichts des komplizierten Komitologieverfahrens, das auf europäischer Ebene Voraussetzung für eine Bestimmung der konkreten Kriterien für das Ende der Abfalleigenschaft von Kunststoffen ist, wäre eine Festlegung zum gegenwärtigen Zeitpunkt rein spekulativ.

Auch eine ggf. aktuell vorhandene Tendenz, Recyclingprodukte früher als bisher aus der Abfalleigenschaft zu entlassen, ist für die Zukunft nicht verbürgt. Die neue Abfallrahmenrichtlinie lässt offen, wie die „spezifischen Kriterien" für das Ende der Abfalleigenschaft auszufüllen sind. Denkbar ist es daher also auch, dass zu einem späteren Zeitpunkt strengere Grenzwerte für Schadstoffe in Recyclingprodukten festgelegt werden, als dies heute der Fall ist. Denkbar ist daher auch, dass Sekundärprodukte, die heute noch als „Produkt" und nicht mehr als „Abfall" eingestuft werden, nach der Festlegung der spezifischen Kriterien nach Art. 6 AbfRRL nicht aus der Abfalleigenschaft entlassen werden.

59 Petersen vertritt hierzu die Auffassung, dass der tatbestandliche Rückgriff auf die Rechtsprechung verhindern soll, dass die Mitgliedstaaten „allzu freizügig eine Flut von Sekundärprodukten aus dem Abfallbereich entlassen könnten." Er ist aber auch der Ansicht, dass einem Mitgliedstaat der zumindest implizite Rückgriff auf die Kriterien nach Art. 6 Abs. 1 AbfRRL nicht verwehrt werden könne; s. hierzu ders., AbfallR 2008, 154, 156.

3. Vor- und Nachteile des geltenden und künftigen Abfallrechts im Umgang mit Kunststoffrecyclaten

Wie vorstehend im Einzelnen dargelegt, ist für die Unternehmen des Kunststoffrecyclings heute nicht rechtssicher festzustellen, wie sich die neuen Regeln der neuen Abfallrahmenrichtlinie zum Ende der Abfalleigenschaft auf Kunststoffrecyclate auswirken werden. Es ist möglich und denkbar, dass entweder auf mitgliedstaatlicher Ebene im Einzelfall oder auf europäischer Ebene insgesamt verbindliche Kriterien für das Ende der Abfalleigenschaften von Kunststoffen festgelegt werden. Offen ist, wie diese im Einzelnen aussehen werden.

Die Auslegung – und wohl auch die gängige Praxis – des geltenden Abfallrechts führt dazu, dass Sekundärkunststoffe heute unter Berücksichtigung der oben im Einzelnen dargelegten Voraussetzungen durchaus schon vielfach nach dem Recyclingprozess die Abfalleigenschaft verlieren. Jedenfalls das fast sortenreine Kunststoffrecyclat, das vom Abnehmer wie Primärkunststoff eingesetzt wird, ist kein „Abfall" mehr, sondern „Produkt".

Für die Unternehmen des Kunststoffrecyclings und die entsprechenden Verbände heißt dies, dass sie nach Verabschiedung der neuen Abfallrahmenrichtlinie auf europäischer – oder ggf. erst auf mitgliedstaatlicher – Ebene eine Vereinheitlichung und Festlegung der Kriterien für das Ende der Abfalleigenschaft von Kunststoffen initiieren sollten.

Teil V.
Die Anwendung der chemikalienrechtlichen Regelungen der REACH-VO auf Kunststoffsekundärrohstoffe und -produkte

1. Geltungsbereich und Ausnahmeregelungen zum Anwendungsbereich der REACH-VO

1.1 Die Ausnahmeregelungen für Abfälle

Nach ihrem Geltungsbereich bezieht sich die REACH-VO auf Stoffe und Zubereitungen, die in Art. 3 Ziff. 1 und 2 der REACH-VO[60] definiert sind. Die Vorschriften beschränken sich auf die Herstellung, das Inverkehrbringen und die Verwendung derartiger Stoffe als solche, in Zubereitungen oder in Erzeugnissen sowie auf das Inverkehrbringen von Zubereitungen (Art. 1 Abs. 2). Die Einfuhr in die Gemeinschaft gilt dabei als Inverkehrbringen (Art. 3 Ziff. 10 und 12).

Nach ihrer Systematik regelt die REACH-VO Ausnahmen von der Anwendung der REACH-VO insgesamt nach Art. 2 Abs. 1 und Ausnahmen von einzelnen Regelungsbereichen der Verordnung unter Anwendung der übrigen Vorschriften der Verordnung nach Art. 2 Abs. 2–8.

„Abfall" im Sinne der Richtlinie 2006/12/EG „gilt" nach Art. 2 Abs. 2 „nicht als Stoff, Zubereitung oder Erzeugnis des Art. 3 der vorliegenden Verordnung."

Damit ist Abfall vom Anwendungsbereich aller Vorschriften ausgenommen, die Stoffe, Zubereitungen und Erzeugnisse regeln, ohne jedoch gänzlich vom Geltungsbereich der REACH-VO ausgenommen zu sein.

Diese Ausnahmebestimmung für Abfälle ist in Gestalt einer gesetzlichen Fiktion getroffen worden. Sie hat zur Grundlage, dass Abfälle im Sinne der Richtlinie 2006/12/EG zwar als Stoff, als Zubereitung oder als Erzeugnis im Sinne der Definitionen des Art. 3 Ziff. 1, 2 und 3 rechtlich gewertet werden können, eine solche Bewertung und Einstufung aber in Bezug auf die Vorschriften, die Stoffe, Zubereitungen und Erzeugnisse zum Regelungsgegenstand haben, nicht vorgenommen werden sollen. Der Zweck dieser fiktionalen Ausnahmebestimmung ist, dass Abfälle im Übrigen im Rahmen der Anwendung der REACH-VO als Teil des insgesamt zu betrachtenden Lebensweges der Stoffe von ihrer Herstellung bis zur Entsorgung auch Gegenstand der rechtlichen Instrumentarien des

---

60 Nachstehende Zitate von Vorschriften ohne Angabe des Gesetzes beziehen sich auf die REACH-VO.

Risk-Assessments und der Sicherheitsbetrachtungen[61] oder als Teil der von der REACH-VO erfassten Arbeits- und Umweltschutzbestimmungen bleiben soll.

Positiv ausgedrückt besagt Art. 2 Abs. 2, dass die Vorschriften über die Registrierung von Stoffen (Titel II), die gemeinsame Nutzung von Daten und die Vermeidung unnötiger Versuche (Titel III), über Informationen in der Lieferkette (Titel IV), über nachgeschaltete Anwender (Titel V), über die Bewertung (Titel VI), über die Zulassung (Titel VII) und über die Beschränkungen für die Herstellung, das Inverkehrbringen und die Verwendung bestimmter gefährlicher Stoffe, Zubereitungen oder Erzeugnisse (Titel VIII) keine Anwendung auf Abfälle finden.

Aus Art. 2 Abs. 2 folgt somit, dass die in Teil II und III dieser Abhandlung dargestellten Kunststoffrecyclingverfahren und diejenigen Kunststoffrecyclingstoffe und -produkte nicht den Vorschriften der Titel II–VII der REACH-VO unterliegen, die als Abfälle im Sinne der Richtlinie 2006/12/EG einzustufen sind.

Andererseits finden diese Vorschriften der REACH-VO auf die Kunststoffrecyclingstoffe und -produkte Anwendung, wenn sie nicht als Abfall einzustufen und als chemische Stoffe als solche, in Zubereitungen oder in Erzeugnissen anzusehen sind und gemäß Art. 1 Abs. 2 hergestellt, in Verkehr gebracht oder verwendet werden.

Ob ein Stoff, eine Zubereitung oder Erzeugnis als Abfall oder Nicht-mehr-Abfall einzustufen ist, ergibt sich aus den abfallrechtlichen Vorschriften und ihrer Rechtsauslegung[62]. Die Maßstäbe zur Abgrenzung von Abfall zu Produkt sind in der vormals bestehenden AbfRRL der EG[63] für die EU und ihre Mitgliedstaaten vorgegeben, die in der Rechts- und Verwaltungspraxis heranzuziehende Auslegung der EG-Rechtsakte zum Abfallrecht erfolgt durch den EuGH.

Wie vorstehend in Teil III, 6. dargelegt, ist das werkstoffliche Recyclingverfahren mit der Gewinnung der Sekundärrohstoffe, die wie originäre Kunststoffe von den Verarbeitern eingesetzt werden können, abgeschlossen. Nach der in Teil IV der Abhandlung vorgenommenen abfallrechtlichen Bewertung ist anzunehmen, dass die in werkstofflichen Recyclingverfahren gewonnenen Sekundärrohstoffe mit ihrer Gewinnung nicht mehr Abfall, sondern Stoffe und Produkte

---

61 Vgl. Anhang I Nr. 5.1.1 und 5.2.2.

62 Auffassung der Vertreter der Mitgliedstaaten, in DOC CA/24/2008, S. 2. Da in den Mitgliedstaaten keine einheitliche Auffassung darüber besteht, wann ein Abfall nicht mehr Abfall ist, haben die Niederlande in ihrer Stellungnahme zu dem DOC CA24/2008 Bedenken, dass die nicht harmonisierte Anwendung des Abfallbegriffs Grundlage des EG-harmonisierten EG-REACH-Rechts ist und damit eine einheitliche harmonisierte Anwendung der REACH-VO verloren geht.

63 Richtlinie 2006/12/EG vom 5.4.2006, ABl.-Nr. 114, S. 9 – s. im Einzelnen vorstehend in Teil IV.

sind, wenn sie hinsichtlich ihrer Reinheit und ihrer Eigenschaften eine vergleichbare Qualität wie die primären Kunststoffpolymere, die von den Kunststoffherstellern geliefert werden, und somit vergleichbar den Originärkunststoffen eingesetzt werden können.[64] Wie die originären Kunststoffe unterliegen diese Sekundärrohstoffe den Regelungen der REACH-VO.

Dagegen sind die aus den Kunststoffabfallmischungen, insbesondere aus dem Hausmüll und hausmüllähnlichem Gewerbemüll ohne weitere Aufbereitung gewonnenen Recyclingprodukte aus Kunststoffmischungen, die auch oftmals größere Verunreinigungen enthalten, Abfälle im Sinne der AbfRRL und ihre Abfalleigenschaft wird erst mit ihrer Verwendung zur Herstellung (minderwertiger) Kunststoffprodukte, wie z. B. Paletten, Pfähle oder Behältnisse für die landwirtschaftlichen und gewerblichen Bereiche bei den Verarbeitern beendet. Bei ihnen stellt sich erst die Entstehung der Kunststofferzeugnisse als Beendigung des Recyclingprozesses dar. Die hergestellten Kunststofferzeugnisse aus diesen Recyclingmaterialien unterliegen nicht mehr dem Abfallrecht, sondern dem Produktrecht und die Kunststoffe in diesen Erzeugnissen unterliegen den stoffbezogenen Regelungen der REACH-VO.

Eindeutig ist die Rechtslage hinsichtlich der durch *chemische Recyclingverfahren* gewonnenen molekularen Basisstoffe und Ausgangsstoffe der in den Kunststoffabfällen enthaltenen polymeren Kunststoffe sowie neuer oder chemisch veränderter Polymere. Mit ihrer Gewinnung aus den chemischen Recyclingverfahren ist die Abfallverwertung abgeschlossen und die erzeugten Recyclingstoffe sind chemische Stoffe oder Zubereitungen. Diese unterliegen dem Stoffrecht der REACH-VO.

1.2 Anwendungsprobleme der Ausnahmeregelung des Art. 2 Abs. 2 durch die Neufassung der AbfRRL

1.2.1 Keine Berücksichtigung der Sekundärrohstoffe in der Ausnahmeregelung

Die durch Recyclingverfahren gewonnenen Sekundärrohstoffe und Sekundärrohprodukte sind in der Ausnahmeregelung des Art. 2 Abs. 2 nicht ausdrücklich aufgenommen worden und sind auch in den übrigen Regelungen der Verord-

64 Altersbedingt und aufgrund der im Recyclingverfahren vorgenommenen Aufschmelzung der Kunststoffe in den Abfällen erfolgt allerdings eine qualitätsmäßige Verschlechterung der Kunststoffrecyclate im Vergleich zu den originären Kunststoffen, die bei der Vermarktung der recycelten Kunststoffsekundärrohstoffe zu teilweise erheblichen Preisabschlägen führt. Bei der Einstufung der Kunststoffrecyclate als Produkt und nicht mehr Abfall ist diese Qualitätsminderung der Recyclate jedoch nicht relevant.

nung nicht den Abfällen gleichgestellt worden. Soweit sie als Abfälle einzustufen sind, sind sie nach der Ausnahmebestimmung des Art. 2 Abs. 2 von den Regelungen der REACH-VO ausgenommen. Soweit sie nicht als Abfall eingestuft sind, sind sie vom Geltungsbereich der REACH-VO erfasst.

Hieraus ergibt sich für die Recyclingbranche in der Anwendung der REACH-VO ein erhebliches Anwendungs- und Vollzugsproblem zu den Regelungen der REACH-VO: Nach der bis zum Jahre 2010 umzusetzenden AbfRRL vom 19.11.2008 wird die Abgrenzung von Abfall zu Produkt durch das in Art. 6 AbfRRL geregelte Abfallende neu bestimmt. Nach diesem neuen Recht kann sich für die Recyclingstoffe und -produkte bei Erfüllung der Voraussetzungen für ein Abfallende nach Art. 6 AbfRRL die neue Rechtslage ergeben, dass die Recyclingstoffe und -produkte, die bisher Abfälle sind, dann nicht mehr als Abfall einzustufen sind und mit dem Inkrafttreten des neuen Rechts zum Abfallende vom Geltungsbereich der REACH-VO erfasst werden.[65] Nach ihrem Abfallende kommt für die Recyclingprodukte und -stoffe dann nicht mehr die Ausnahmeregelung des Art. 2 Abs. 2 zur Anwendung. Die Recyclingrohstoffe und -produkte, die bei Inkrafttreten der REACH-VO am 1.8.2007 Abfälle im Sinne der Richtlinie 2006/12/EG sind und bis zum Inkrafttreten des neuen Rechts der AbfRRL von der REACH-VO ausgenommen sind, unterliegen somit erst nach über zwei Jahren nach Inkrafttreten der REACH-VO den stoffbezogenen Regelungen der REACH-VO.

Andererseits kann für Recyclingrohstoffe und -produkte, die nach dem heutigen Abfallrecht als Produkte und nicht als Abfall einzustufen sind, ab 2010 die neue Rechtslage dahingehend eintreten, dass sie nach Art. 6 der neuen AbfRRL „Abfall“ werden, wenn sie die in Art. 6 der neuen AbfRRL für den Eintritt des Abfallendes geregelten gesetzlichen Voraussetzungen nicht erfüllen. In diesem Fall fallen die bisher als Produkt anzusehenden Recyclingstoffe und -produkte aus dem Geltungsbereich der REACH-VO heraus.

Da der REACH-Gesetzgeber der inhaltlichen Umgestaltung des jetzigen Abfallbegriffs durch Art. 6 der neuen AbfRRL bisher weder in Art. 2 Abs. 2 REACH-VO noch in Übergangsvorschriften Rechnung getragen hat und auch nach vorliegender Kenntnis eine rechtliche Anpassung der REACH-VO an das neue Abfallrecht der AbfRRL nicht vorbereitet, haben die Recyclingunternehmen für ihre Produkte die unterschiedlichen Anwendungen der Ausnahmeregelungen in Art. 2 Abs. 2 bei der Prüfung ihrer Betroffenheit nach der jetzigen abfallrechtlichen

65 Zu dem hierdurch für die Recyclingwirtschaft entstehenden Dilemma vgl. auch Kopp-Assenmacher, REACH und Abfall, in: SBB-Forum 2007 (II), S. 1, 3.

Rechtslage und nach der in zwei Jahren eintretenden neuen Rechtslage in der Anwendung des Art. 2 Abs. 2 zum Geltungsbereich der REACH-VO zu berücksichtigen. Mit anderen Worten:

Die Ausnahmeregelung für Abfall von den stoffbezogenen Regelungen der REACH-VO nach Art. 2 Abs. 2 kann für die Recyclingunternehmen mit dem Inkrafttreten des neuen Rechts der AbfRRL zum Abfallende eine andere Rechtsfolge haben als nach dem jetzigen Recht, weil die jetzige Abfalleigenschaft ihrer Recyclingprodukte und somit die Befreiung von der REACH-VO sich in ihr Gegenteil einer Nichtabfalleigenschaft und damit in eine Anwendung der REACH-Regelung umwandeln kann oder umgekehrt die Produkteigenschaft der Recyclingsekundärstoffe und -produkte sich in eine Abfalleigenschaft und infolgedessen in eine Befreiung von der REACH-VO ändern kann.

1.2.2 Rechtliche Benachteiligung der Recyclingunternehmen durch Rechtsunsicherheit

Wird die REACH-VO nicht an die neue AbfRRL angepasst, kann mit der bevorstehenden rechtlichen Zäsur in der inhaltlichen Ausgestaltung des Abfallbegriffes durch das Abfallende nach der neuen AbfRRL eine erhebliche Schlechterstellung der nach der REACH-VO registrierpflichtigen Recyclingunternehmen gegenüber den registrierpflichtigen Herstellern der originären chemischen Stoffe eintreten. Für beide treten die Registrierungsregeln der REACH-VO ab dem 1.6.2008 in Kraft (vgl. Art. 141 Abs. 2). Während die Hersteller chemischer Stoffe sich seit Inkrafttreten der REACH-VO am 1.6.2007 mit sicherer Erwartung ihrer Registrierungspflicht auf die Registrierung ihrer Stoffe vorbereiten können und die Vorbereitungen auch zu treffen haben, indem sie selbst oder im Verbund mit anderen Unternehmen, die den selben registrierpflichtigen Stoff herstellen oder einführen, ihre Registrierungsdossiers ausarbeiten oder durch eine Vorregistrierung gemäß Art. 28 den Eintritt der Registrierungspflicht gemäß Art. 23 auf die späteren Registrierungsdaten 1.12.2010, 1.6.2013 oder 1.6.2018 aufschieben können, befinden sich die Recyclingunternehmen, die registrierpflichtige Sekundärstoffe oder -produkte aus Abfallströmen gewinnen, in der für sie nicht greifbaren Ungewissheit, ob sie nach Inkrafttreten der Regelung zum Abfallende nach der neuen AbfRRL überhaupt registrierungspflichtig sein werden.

Von ihnen die mit Inkrafttreten der REACH-VO gesetzlich verlangten Vorbereitungen für eine – wenn auch aufgrund einer Vorregistrierung zeitlich aufgeschobenen – Registrierung ihrer gewonnenen Sekundärrohstoffe und -produkte zu verlangen, wie die Zusammenstellung der Stoffinformationen und Erarbeitung von Prüfdaten zur Erstellung der Prüfdossiers oder als ersten Schritt eine Vorregistrierung bis zum 1.12.2008 durchzuführen, ist angesichts der rechtlichen Ungewissheit, ob sie in etwa zwei Jahren überhaupt registrierungspflichtig sind, unverhältnismäßig. Denn von den Recyclingunternehmen würden Aufwendungen verlangt werden, die mit Inkrafttreten der neuen AbfRRL zum Abfallende sich als unnötig herausstellen können, wenn sie dann nicht oder nicht mehr registrierpflichtig sind. Selbst wenn die heute von der Registrierungspflicht befreiten Recyclingunternehmen mit Inkrafttreten des neuen Rechts zum Abfallende nach der neuen AbfRRL registrierungspflichtig sein würden, könnten mit dem Inkrafttreten der Registrierungspflichten nach dem 1.6.2008 die vorzeitigen Maßnahmen zur Erstellung der Registrierungsdossiers heute nicht verlangt werden, weil angesichts der heute anzuwendenden Ausnahmeregelung des Art. 2 Abs. 2 keine Rechtsgrundlage hierfür besteht.

Bei dieser Unsicherheit über die ab 2010 geltende künftige Rechtslage nach Inkrafttreten des neuen Abfallrechts zum Abfallende wird in der Diskussion die Möglichkeit einer nachträglichen Vorregistrierung nach Art. 28 Abs. 6 in Erwägung gezogen. Würde für die Recyclingunternehmen sich nach dem zukünftigen Eintritt des Abfallendes für ihre Recyclingstoffe die Möglichkeit einer nachträglichen Vorregistrierung nach dieser Vorschrift eröffnen, so könnten sie die Auswirkungen des neuen Abfallrechts nach der AbfRRL abwarten und sich dann für eine solche nachträgliche Vorregistrierung entscheiden. Jedoch eröffnet Art. 28 Abs. 6 nach seinem eindeutigen Wortlaut den Recyclingunternehmen nicht das Recht zu einer nachträglichen Vorregistrierung, wenn sie – was grundsätzlich in der Praxis der Fall ist – bereits vor dem 1.12.2008 ihre Sekundärrohstoffe (Phase-in-Stoffe) durch Recycling von Kunststoffabfallmaterialien gewonnen, eingeführt oder bei der Produktion von Erzeugnissen verwendet haben. Nach dieser Vorschrift können nachträgliche Vorregistrierungen für Phase-in-Stoffe nur vorgenommen werden, wenn diese erstmalig nach dem 1.12.2008 in Mengen von 1 t oder mehr pro Jahr hergestellt oder eingeführt oder zum ersten Mal in der Produktion von Erzeugnissen verwendet werden. Hierunter fällt nicht die erstmalige Entstehung des Produktstatus von bisher als Abfall eingestuften Phase-in-Stoffen aufgrund einer neuen Rechtslage.

Auch eine analoge Anwendung des Art. 28 Abs. 6 auf eine erstmalig nach dem 1.12.2008 aufgrund der neuen AbfRRL gesetzlich eintretende Umstufung von Abfällen zu Produkten ist nicht möglich. Eine analoge Anwendung von gesetzlichen Vorschriften als Mittel der Gesetzesauslegung kann nur vorgenommen werden, wenn ähnliche Sachverhalte gleichgestellt werden können und damit rechtliche Lücken geschlossen werden sollen. Dies kann durch eine entsprechende Anwendung einer gesetzlichen Vorschrift auf den nicht erfassten Fall (Gesetzesanalogie) oder durch eine Anwendung eines in verschiedenen Gesetzen zum Ausdruck gelangten Prinzips (Rechtsanalogie) erfolgen.[66] Beides scheidet hier aus.

Zwar liegt in der REACH-VO eine gesetzliche Lücke vor, denn die REACH-VO enthält in Art. 28 keine nachträgliche Vorregistrierungsmöglichkeit, wenn nach Ablauf der Vorregistrierungsfrist am 01.12.2008 eine gesetzliche Umstufung von Abfällen zu Produkten gemäß Art. 6 AbfRRL eintritt. Es liegt hier jedoch kein ähnlicher, sondern ein grundsätzlich anderer Sachverhalt als die erstmalige nach dem 1.12.2008 erfolgende Herstellung, Einstufung oder Verwendung eines Phase-in-Stoffes vor.

Zum anderen ist aus anderen Gesetzen kein Rechtsprinzip erkennbar, dass auf die beiden Fallgestaltungen im Sinne einer entsprechenden Anwendung des Art. 28 Abs. 6 anwendbar wäre und für eine gesetzliche Gleichsetzung bei beiden Fallgestaltungen sprechen könnte.

Als Problemlösung wird den Recyclingunternehmen von der ECHA eine vorsorgliche Vorregistrierung empfohlen, damit sie infolge möglicher später eintretender Rechtsänderungen durch die AbfRRL kein rechtliches Risiko und Nachteile erleiden. In ihrem „News Alert" (Rundbrief) vom 6.10.2008[67] hat die ECHA den Unternehmen empfohlen, u. a. durch Recycling gewonnene Stoffe im Hinblick auf Art. 2 Abs. 7 lit. a) und Monomere in Polymeren im Hinblick auf Art. 6 Abs. 3 vorzuregistrieren, wenn sie nicht sicher sind, ob ihre betroffenen Stoffe am 1.12.2008, dem Ende der Vorregistrierungsfrist, registriert worden sind. Nach diesem Rundbrief sollten die Unternehmen grundsätzlich nur Stoffe vorregistrieren, wenn sie auch beabsichtigen, für sie eine Registrierung durchzuführen und sollten möglichst Kontakt mit ihren Lieferanten oder mit Unternehmen der Lieferkette aufnehmen, um zu erfragen, wer in der Lieferkette eine Registrierung vornimmt. Dieser von der ECHA anempfohlene Nachfrageweg in der Lieferkette zur Registrierung der betroffenen Stoffe besteht indes für die Unternehmen, die aus Abfallmaterialien Phase-in-Stoffe durch Recycling gewinnen, nicht, denn die Lieferkette ist durch die Abfallverwertung unterbrochen. Stoffe im Abfallinput können von den Recyclingunternehmen grundsätzlich nicht in der vorangegangenen Lieferkette zurückverfolgt und die Unternehmen

66 Zur analogen Anwendung gesetzlicher Vorschriften vgl. Schneider, Gesetzgebung, 3. Auflage, 2002, Rn. 376.

67 ECHA/PR/08/03 – s. ECHA http://www.ECHA.europa.eu.

in der Lieferkette nicht ermittelt und abgefragt werden, weil diese den Recyclingunternehmen in der Regel nicht bekannt sind.

Folgen die Recyclingunternehmen der Empfehlung der ECHA zur Vorregistrierung aller für sie in Betracht kommender Stoffe, ist dem Aufwand Rechnung zu tragen, der für sie durch die Vorregistrierung entsteht. Der Aufwand der Kunststoffrecyclingunternehmen für die Vorregistrierung der Stoffe, die sie aus Kunststoffabfällen in großem Umfang in den unterschiedlichen Sekundärrohstoffen und -produkten gewinnen, wird seitens der Recyclingunternehmen als erheblich geschätzt. Sie müssen aus der Vielzahl der für sie in Betracht kommenden Kunststoffarten und der Fremdstoffe in den Kunststoffen, auf die vorstehend unter II, 3.5 hingewiesen worden ist, die für sie relevanten Monomerstoffe und andere registrierungspflichtige Stoffe ermitteln und identifizieren, was in der Praxis in der Regel kaum möglich ist. Selbst wenn sie sich auf die wesentlichen Komponenten beschränken, wird der Aufwand bei großen Recyclingunternehmen mit 30 Mannstunden, oftmals jedoch auch weit darüberliegend, veranschlagt.[68] Berücksichtigt man den zusätzlichen Aufwand, der durch die nach der Vorregistrierung notwendigen Beteiligung an den SIEFs für jeden einzelnen Stoff entsteht, kann ein großer Aufwand für die Unternehmen bis zum Inkrafttreten der neuen Regelung zum Abfallende nach Art. 6 der neuen AbfRRL angenommen werden, der sich im Falle, dass für ihre Abfälle nach Art. 6 AbfRRL kein Abfallende eintritt, dann als vergeblich herausstellen kann.

Auf die rechtliche Bewertung dieser Problemlage und die sich hieran knüpfende Rechtsfolge ist zurückzukommen, nachdem festgestellt worden ist, ob und in welchem Umfang die Recyclingunternehmen nach der REACH-VO im Hinblick auf ihre Sekundärrohstoffe und -produkte registrierungspflichtig sind.

1.2.3 Entsprechende Anwendung der Ausnahmeregelung des Art. 2 Abs. 2 für Abfälle auf durch Recyclingverfahren gewonnene Sekundärrohstoffe nach dem Eintritt des Abfallendes nach Art. 6 AbfRRL ohne gesetzliche Anpassungsregelungen?

Die durch Recyclingverfahren gewonnenen Sekundärrohstoffe und -produkte, die nach Eintritt des Abfallendes die in Art. 6 der neuen AbfRRL auf ihrem weiteren Lebensweg die gesetzlichen Voraussetzungen für ein Abfallende nicht mehr

68 Nach Angaben von BDE-Mitgliedsfirmen.

erfüllen, werden wiederum Abfälle[69] und gelten nach Art. 2 Abs. 2 REACH-VO nicht als Stoffe als solche, Zubereitungen oder Stoffe in Erzeugnissen. Für sie gelten dann erneut die abfallrechtlichen Regelungen und es tritt eine abfallrechtliche Überwachung wieder ein.

Es ist gerechtfertigt, diesen wieder dem Abfallrecht unterliegenden Recyclingstoffen hinsichtlich der Anwendung des Art. 2 Abs. 2 REACH-VO die Sekundärrohstoffe und Sekundärprodukte nach ihrem Abfallende gleichzustellen, weil auch diese hinsichtlich der Einhaltung der Voraussetzungen des Abfallendes der abfallrechtlichen Überwachung unterliegen. Alle durch Recycling gewonnenen Sekundärrohstoffe und -produkte müssen nach ihrem Abfallende die abfallrechtlichen gesetzlichen Voraussetzungen des Art. 6 AbfRRL auf ihrem weiteren Lebensweg einhalten und unterliegen insoweit der behördlichen Überwachung, ob die abfallrechtlichen Voraussetzungen des Art. 6 eingehalten werden. Da für beide Arten der Sekundärrohstoffe und -produkte, einerseits mit eingetretenem Abfallende und andererseits mit Wiederaufhebung der Rechtsfolgen des Abfallendes aufgrund der Nichteinhaltung der gesetzlichen Voraussetzungen zum Abfallende, weiterhin die abfallrechtlichen Vorgaben gelten und sie unter abfallrechtlicher Überwachung stehen, sind beide Fälle hinsichtlich der Anwendung der Ausnahmeregelung des Art. 2 Abs. 2 REACH-VO gleich zu behandeln. Es spricht deshalb vieles dafür, die Sekundärrohstoffe und -produkte nach Inkrafttreten des neuen Rechts zum Abfallende der AbfRRL nicht als Stoffe als solche, in Zubereitungen oder in Erzeugnissen im Sinne der REACH-VO anzusehen, sondern sie als Stoffe zu behandeln, die dem abfallrechtlichen Überwachungssystem unterliegen.

Wenn der EU-Gesetzgeber der REACH-VO und der neuen AbfRRL keine Anpassung der REACH-VO an die neue AbfRRL vornimmt, bietet sich eine entsprechende Anwendung des Art. 2 Abs. 2 REACH-VO als Weg zu einer inneren Harmonisierung des Chemikalienrechts der REACH-VO und des neuen Abfallrechts an mit dem Ziel, Doppelregelungen zu vermeiden[70] und so zur Verwirklichung des verfolgten Ressourcenkonzepts beizutragen (vgl. vorstehend unter I., 3).

---

69 Nach Art. 6 Abs. 1 der neuen AbfRRL müssen die recycelten Stoffe die dort genannten spezifischen Kriterien für ihr Abfallende „erfüllen". Nach dieser Formulierung kann die Erfüllung der spezifischen Kriterien als auflösende Bedingung des Vorliegens des Abfallendes angesehen werden, die dann eintritt, wenn die spezifischen Kriterien durch den recycelten Stoff nicht mehr eingehalten werden, vgl. Kitzinger, AbfallR 2007, 216, 219, s. Fn. 3.

70 S. hierzu im Einzelnen die Begründung: Kitzinger, AbfallR 2007, 216 ff.; zustimmend Knopp, REACH – ungeklärte Rechtsfragen und aktuelle Entwicklung, UPR 2008, S. 248 f.

2. Die Anwendung der Registrierungsvorschriften der REACH-VO auf durch Recyclingverfahren in der EU gewonnene Kunststoffsekundärrohstoffe und -produkte

2.1 Überblick über die gesetzlichen Vorschriften

Unterliegen durch Recyclingverfahren gewonnene Sekundärrohstoffe und -produkte nicht dem Abfallbegriff, finden auf sie die Registrierungsvorschriften der REACH-VO Anwendung, wenn die gesetzlichen Voraussetzungen für eine Registrierung von Stoffen nach Titel II der REACH-VO erfüllt sind. Die gesetzlichen Voraussetzungen sind:

a) Die Kunststoffsekundärrohstoffe und -produkte dürfen nicht von den Registrierungsvorschriften gesetzlich ausgeschlossen sein.
Vorrangig sind hierzu die stoffbezogenen Ausnahmeregelungen zu Titel II nach Art. 2 Abs. 7 lit. a) und Abs. 7 lit. b) (nachstehend unter 2.2), Art. 2 Abs. 9 (nachstehend unter 2.3) und Art. 2 Abs. 7 lit. d) (nachstehend unter 2.4) zu prüfen.

b) Weiterhin müssen die tatbestandlichen Voraussetzungen für die allgemeine Registrierungspflicht nach Art. 6 Abs. 1 für Stoffe als solche und in Zubereitungen erfüllt sein:
Es muss eine Herstellung oder ein Import eines Stoffes als solcher oder in einer oder mehreren Zubereitungen in einer Menge von mindestens 1 Tonne pro Jahr je Hersteller oder Importeur vorliegen (nachstehend unter 2.6).

2.2 Die Ausnahmen für Stoffe nach Anhang IV und Anhang V

2.2.1 Die Ausnahmen nach Art. 2 Abs. 7 lit. a) i.V.m. Anhang IV

Nach Art. 2 Abs. 7 a lit. a) i.V.m. Anhang IV sind einige Stoffe und Stoffgruppen von den Registrierungsvorschriften mit der gesetzlichen Begründung ausgenommen worden, dass „ausreichende Informationen über diese Stoffe vorliegen, so dass davon ausgegangen wird, dass sie wegen ihrer inhärenten Stoffeigenschaften ein minimales Risiko verursachen“. Kunststoffpolymere und ihre Monomere – mit Ausnahme von Kohlenstoff C – sind nicht im Anhang IV aufgeführt, obgleich für die gängigen, vorstehend unter II, 4. behandelten Kunststoffpolymere die gesetzlichen Voraussetzungen für eine Ausnahme vorliegen. Die stofflichen Eigenschaften dieser Kunststoffpolymere als solche oder ihre Wirkungen auf Mensch und Umwelt sind aufgrund ihrer weiten Verbreitung hinreichend bekannt; auch verursachen sie wegen ihrer inhärenten Stoffeigenschaften im Allgemeinen ein minimales Risiko.

Auch begründen die die Polymere bildenden Monomere kein gesondertes Risiko, da sie in die Polymermatrix eingebunden sind.[71]

Da im Anhang IV auch einzelne EINECS-gelistete Polymere aufgeführt sind, scheint die polymere Struktur der Stoffgruppen kein Ausschlussgrund für eine Aufnahme namentlich zu nennender Kunststoffpolymere mit geringem stofflichen Risikopotenzial in Anhang IV zu sein.

2.2.2 Die Ausnahmen nach Art. 2 Abs. 7 lit. b) i.V.m. Anhang V

Einen weitergehenden stofflichen Umfang der Ausnahmen als in Anhang IV enthalten die Stoffkategorien in Anhang V. Deren rechtliche Grundlage besteht nach Art. 2 Abs. 7 lit. b) darin, dass „eine Registrierung für diese Stoffe für unzweckmäßig oder unnötig gehalten wird und deren Ausnahmen von diesen Titeln [dies sind Titel II – Registrierung, Titel V – nachgeschaltete Anwender und Titel VI – Bewertung; Anm. der Verf.] die Ziele dieser Verordnung nicht beeinträchtigt". Die Kunststoffsekundärrohstoffe und -produkte sind nicht von den Stoffarten des Anhangs V erfasst.

Da die Kunststoffpolymere ohnehin nach Art. 2 Abs. 9 von der Registrierungspflicht befreit sind (s. nachstehend unter 2.3), käme einer Aufnahme der Kunststoffsekundärrohstoffe und -produkte in die Stoffkategorien des Anhangs V die Bedeutung zu, dass damit auch die Monomere, aus denen die Kunststoffpolymere gebildet sind, von den Registrierungspflichten befreit sein würden. Eine derartige generelle Ausnahme von der Registrierungspflicht würde jedoch im Widerspruch zu Art. 6 Abs. 3 stehen. Unter den in dieser Vorschrift genannten Voraussetzungen sollen die Hersteller oder Importeure von Polymeren die Monomerstoffe und andere Stoffe in den Polymeren registrieren, soweit deren Registrierung von einem vorgeschalteten Akteur der Lieferkette noch nicht vorgenommen werden konnte. Mit der Aufnahme der Kunststoffpolymere und der ihnen gleichgestellten Sekundärrohstoffe und -produkte in Anhang V würde somit das Ziel der REACH-VO, nach Art. 6 Abs. 3 die Monomere der Polymere registrieren zu lassen, beeinträchtigt werden. Damit steht die zweite Voraussetzung für eine Ausnahme von der Registrierungspflicht nach Art. 2 Abs. 7

71 Vgl. Guidance of registration, Nr. 1.6.4 und nachstehend unter 2.3.1, Fn. 75.

lit. b) einer Erweiterung des Anhangs V um die Kunststoffpolymere in den Kunststoffsekundärrohstoffen und -produkten entgegen.

2.2.3 Die Änderung der Anhänge IV und V durch die Verordnung EG Nr. 987/2008 der Kommission vom 8.10.2008

Entsprechend ihrem Überprüfungsauftrag nach Art. 138 Abs. 4 hat die Kommission die Verordnung EG Nr. 987/2008 vom 8.10.2008 zur Änderung der REACH-VO hinsichtlich der Anhänge IV und V erlassen.[72] Die hierin aufgenommenen Änderungen beziehen sich nicht ausdrücklich auf die Recyclingsekundärrohstoffe und -produkte. Mit einer Begründung, die auch auf eine Vielzahl der Recyclingsekundärrohstoffe zur Anwendung kommen kann, werden in der neuen Ziff. 11 des Anhangs V Glas und keramische Fritten ausgenommen und auf diese Ausnahmestoffe und Stoffgruppe beschränkt. In dem nächsten Überarbeitungs- und Änderungsverfahren zu der Änderungsverordnung zu den Ausnahmen in Anhang IV und V sollten die Beispiele in Ziff. 11 des Anhangs V der REACH-VO auf die nicht als gefährlich einzustufenden Sekundärrohstoffe erweitert werden.

Nach dieser neuen Bestimmung sind Stoffe auszunehmen, wenn diese nicht als gefährlich gemäß der Stoffrichtlinie 67/548/EWG einzustufen sind und keine Bestandteile enthalten, die die Kriterien für die Einstufung als gefährlich erfüllen und keine Konzentrationen oberhalb der Einstufungskriterien der Zubereitungsrichtlinie 1999/45/EG oder des Anhangs I der Richtlinie 67/548/EWG vorliegen.

Unter diese neue Stoffkategorie der Ziff. 11 des Anhangs V könnten auf der Grundlage der Ermächtigungsnorm des Art. 2 Abs. 7 lit. b) auch die im werkstofflichen Recyclingverfahren gewonnenen Kunststoffsekundärrohstoffe fallen, die als solche und deren Bestandteile nicht als gefährlich einzustufen sind, deren Bestandteile über den gesamten Lebenszyklus der Stoffe nicht verfügbar sind und deren Daten zu den Stoffeigenschaften auf ihre Eignung und Zuverlässigkeit geprüft worden sind. Voraussetzung hierfür ist jedoch, dass die Kommission die Registrierung der im werkstofflichen Recyclingverfahren gewonnen Kunststoffsekundärrohstoffe nach deren Abfallende gemäß Art. 6 AbfRRL für unzweckmäßig hält, weil diese auch hinsichtlich der abfallrechtlichen Vorgaben und Kriterien zum Abfallende der abfallrechtlichen Überwachung zur Einhaltung der

72 ABl. L 268/14 vom 9.10.2008.

gesetzlichen Voraussetzungen des Abfallendes und deren Kriterien unterliegen. Nach objektiven Maßstäben wäre es zweckmäßig, in Zukunft eine derartige Aufnahme der Sekundärrohstoffe nach ihrem Abfallende gemäß Art. 6 AbfRRL nach Art. 2 Abs. 7 lit. b) vorzusehen. Hierfür sprechen folgende Gründe:

a) Mit der Ausnahme nach Ziff. 11 des Anhangs V kann eine Harmonisierung des neuen Abfallrechts der AbfRRL mit der REACH-VO durch Fortschreiben der REACH-VO hinsichtlich der im werkstofflichen Recyclingverfahren gewonnenen Kunststoffsekundärrohstoffe vorgenommen werden.
b) Damit würde der Grundentscheidung der REACH-VO, die der Ausnahmevorschrift des Art. 2 Abs. 2 zugrunde liegt, entsprochen werden, dass alle Stoffe als solche und in Zubereitungen, die abfallrechtlichen Regelungen und der abfallrechtlichen Überwachung unterliegen, nicht zusätzlich durch die REACH-VO reguliert werden. Die Einhaltung der abfallrechtlichen Kriterien auch nach dem Abfallende unterliegt der abfallrechtlichen Regelung und deren Überwachung.
c) Mit der Aufnahme der im werkstofflichen Recyclingverfahren gewonnenen Sekundärrohstoffe in dem Ausnahmekatalog des überarbeiteten Anhangs V der REACH-VO würde auch der angesichts der bereits jetzt geltenden Registrierungspflichten und der laufenden Registrierungsfristen nach einer Vorregistrierung bestehenden, für die Recyclingunternehmen unerträglichen Rechtsunsicherheit der rechtlichen Konsequenzen nach Eintritt des abfallrechtlichen Abfallendes nach der neuen AbfRRL Rechnung getragen werden (s. vorstehend unter V 1.2.2).

2.2.4 Vorschlag des BDE zur Aufnahme einer stoffbezogenen Ausnahmeregelung für Recyclingsekundärrohstoffe

Seitens des betroffenen Industrieverbandes BDE ist in vorstehendem Sinne in einer Stellungnahme vom 5.5.2008 zur Revision des Anhangs V der REACH-VO der Kommission folgender Formulierungsvorschlag zur Ergänzung des Anhangs V um eine Stoffkategorie für Recyclingrohstoffe unterbreitet worden, der jedoch von der Kommission nicht berücksichtigt worden ist:

> „Stoffe, die nach einem ordnungsgemäßen Behandlungsverfahren und bei Vorliegen der Voraussetzungen des Art. 6 der AbfRRL das Abfallende erreichen und damit ihre Abfalleigenschaft verlieren. Die dort genannten Voraussetzungen tragen den Zielen der REACH-VO ausreichend Rechnung."

Diesem Vorschlag liegt als „ordnungsgemäßes Behandlungsverfahren" das werkstoffliche Recyclingverfahren zur Gewinnung der Kunststoffsekundärrohstoffe zugrunde, das in Teil II und III beschrieben wurde und das zu marktfähigen Recyclingsekundärrohstoffen führt, die vergleichbar mit den originären Kunststoffen zur Herstellung von Kunststofferzeugnissen ohne weitere Bearbeitung verwendet werden können.[73] Der Formulierungsvorschlag des BDE zur Ergänzung des Anhangs V umfasst nicht die durch chemische Recyclingverfahren gewonnenen molekularen Basisstoffe und Bausteine der Kunststoffpolymere, die Stoffe im Sinne der REACH-VO sind und wie diese den übrigen Stoffen und Stoffkategorien des Anhangs IV und V entsprechen.

2.2.5 Die ablehnende Stellungnahme der Dienste der Kommission in dem DOC CA/24/208

Die Dienste der Kommission halten eine generelle Ausnahme der Recyclingstoffe und -produkte von der Registrierungspflicht über die Aufnahme in Anhang V nicht mit Art. 2 Abs. 7 lit. d) für vereinbar, weil in dieser Bestimmung eine Befreiung von der Registrierungspflicht wiedergewonnener Stoffe nur unter bestimmten Bedingungen zugelassen sei. Die Vertreter der zuständigen Behörden der Mitgliedstaaten für die Einführung der REACH-VO und der REACH-Regelungen sehen Lösungsansätze für die Probleme der recycelten Stoffe und Produkte daher eher durch Klarstellung über den Status und über die Verpflichtungen der Hersteller der Recyclingstoffe und -produkte, soweit nicht die durch Recycling wiedergewonnenen Stoffe als solche in dem Anhang IV oder V oder durch andere Vorschriften von der REACH-VO ausgenommen sind.[74]

Die ablehnende Begründung der Dienste der Kommission ist nur dann tragfähig, wenn Art. 2 Abs. 7 lit. d) gesetzlich abschließend die mögliche Ausnahme der Recyclingstoffe von den Registrierungspflichten regelt. Dies ist jedoch in der REACH-VO nicht der Fall. Hierauf ist im Zusammenhang mit der Darstellung des Art. 2 Abs. 7 lit. d) einzugehen (s. nachstehend unter 2.4).

73 Zur Begründung des Formulierungsvorschlages wird auf die Stellungnahme des BDE, S. 4, für die in den Anhang V aufzunehmende Stoffkategorie der „aufbereiteten polymeren Kunststoffe" Bezug genommen.

74 DOC CA/24/2008, rev. 2 vom 29.10.2008 concerning "waste and recovered substances" unter 3.1.4, S. 11.

2.3 Die Ausnahmen für Polymere nach Art. 2 Abs. 9 i.V.m. Art. 6 Abs. 3

2.3.1 Inhalt der Ausnahmeregelung

Polymere sind nach Art. 2 Abs. 9 von der Registrierung und Bewertung ausgenommen. Sie unterliegen jedoch den Zulassungs- und Beschränkungsvorschriften. Die Ausnahme ist erfolgt, weil Polymere in außergewöhnlich großer Anzahl im Markt sind und die Polymermoleküle im Verhältnis zu ihrem hohen Molekulargewicht im Allgemeinen nicht als gefährlich anzusehen sind.[75] Anstelle der Polymere haben die Hersteller oder Importeure unter den Voraussetzungen des Art. 6 Abs. 3 den oder die Monomerstoffe oder einen oder andere Stoffe in dem Polymer, die noch nicht von einem vorgeschalteten Akteur in der Lieferkette registriert wurden, zu registrieren, wenn das Polymer zu mindestens 2 Masseprozent (w/w) aus einem derartigen Monomerstoff/derartigen Monomerstoffen oder einem anderen Stoff/anderen Stoffen in Form von Monomereinheiten und chemisch gebundenen Stoffen bestehen und die Gesamtmenge des/der Monomerstoffe und des/der anderen Stoffe mindestens 1 t/a beträgt (Art. 6 Abs. 3).

Wie sich aus dem Erwägungsgrund Nr. 41 zur REACH-VO und Art. 138 Abs. 2 ergibt, ist die umfassende Ausnahmeregelung für Polymere als nur vorübergehend anzusehen. Aufgrund der Vielzahl der Polymere und der Änderungen der stoffinhärenten Eigenschaften der Polymere mit dem Polymerisationsgrad wird zurzeit die Registrierung von Polymeren als unpraktikabel und teuer angesehen. Ein weiterer Grund für die zur Zeit bestehende Ausnahmeregelung ist, dass praktikable und kosteneffiziente Verfahren zur Prüfung der Polymere aufgrund solider technischer und validierter wissenschaftlicher Kriterien nicht entwickelt worden sind. Sobald diese vorliegen, ist die Kommission nach Art. 138 Abs. 2 ermächtigt, Legislativvorschläge zur Erfassung von risikoreichen Polymeren vorzuschlagen. Hierzu hat sie einen Bericht über die Risiken von Polymeren im Vergleich zu anderen Stoffen und die Notwendigkeit zur Registrierung bestimmter Polymertypen vorzulegen.[76]

---

75 Vgl. Guidance on registration, Nr. 1.6.4 und Nr. 1.6.4.7 sowie Guidance for monomeres and polymeres, Juni 2007, Nr. 1.

76 Neben dem Schutz der menschlichen Gesundheit und der Umwelt sind der Verlust der Wettbewerbsfähigkeit und die Beeinträchtigung der Innovationstätigkeit bei einer Einführung der Registrierungspflicht bestimmter Polymere zu berücksichtigen, s. Art. 138 Abs. 2 lit. b) am Ende.

2.3.2 Begriffsbestimmungen

2.3.2.1 „Polymere“

Nach der Begriffsbestimmung des Art. 3 Ziff. 5 ist ein Polymer ein Stoff, dessen Moleküle durch eine Kette einer oder mehrerer Arten von Monomereinheiten gekennzeichnet sind. Diese Moleküle müssen innerhalb eines bestimmten Molekulargewichtsbereichs verteilt sein. Die Unterschiede der Moleküle im Molekulargewicht müssen dabei im Wesentlichen in der Zahl der Monomereinheiten begründet sein. Stoffe sind nach Art. 3 Ziff. 5 Polymere im Sinne der REACH-VO, wenn sie folgende Kriterien erfüllen:

a) über 50 % des Gewichts besteht aus Polymermolekülen, und
b) die Anzahl der Polymermoleküle, die in den gleichen Molekulargewichtsbereich fallen, müssen weniger als 50 Gewichts-% des Polymers ausmachen.[77]

Dabei ist ein Polymermolekül ein Molekül, dass eine Kette von wenigstens drei Monomereinheiten enthält, die mit wenigstens einer Monomereinheit oder einem anderen Reaktanten verbunden sind.

Eine Monomereinheit ist die gebundene Form eines Monomers (Monomerstoffs) in einem Polymer.

Andere „Reaktanten“ sind Moleküle, die an eine oder mehrere Ketten von Monomereinheiten angebunden sind, die aber nicht als Monomer unter den relevanten Reaktionsbedingungen des Prozesses der Polymerbildung (Polymerisation) angesehen werden können[78].

Wenn es wissenschaftlich nicht möglich ist zu bestimmen, ob ein Stoff unter die Polymerbegriffsbestimmung fällt oder die Identifizierung der chemischen Struktur einer Monomereinheit oder einer anderen Stoffeinheit in dem Polymer oder die Bestimmung der Konzentration des Stoffes in dem Polymer nicht möglich ist, kann dieser Stoff als UVCB (Substance of unknown or veriable composition), als Komplex von Reaktionsprodukten oder als biologisches Material behandelt werden.[79]Die Inhaltsstoffe in dem UVCB-Stoffen müssen nicht stofflich identifiziert werden.

---

77 S. Guidance for monomeres and polymeres, 2.2. Anzumerken ist, dass dieser rechtliche Polymerbegriff nach der REACH-VO hinsichtlich seiner zusätzlichen Anforderungen zum Molekulargewicht von dem in der Chemie gebrauchten Polymerbegriff abweicht, für den diese Zusatzanforderungen nicht gestellt werden (s. oben unter II., 3.5 zum Begriff der Polymere in der Chemie).

78 Wie zuvor.

79 S. Guidance for monomeres and polymeres, 2.2 und Guidance for identification and naming of substances under REACH, 4.1 und Tabelle 4.2.

2.3.2.2 „Monomere“

Nach Art. 3 Ziff. 6 ist ein Monomer ein Stoff,

> „der unter Bedingungen der für den jeweiligen Prozess verwendeten relevanten polymerbildenden Reaktionen im Stande ist, kovalente Bindungen mit einer Sequenz weiterer ähnlicher oder unähnlicher Moleküle einzugehen“.

Damit ist ein Monomer ein Stoff, der in der Polymerisationsreaktion als eine wiederholende Einheit in die Polymerkette eingebunden wird. Demgegenüber sind Stoffe, die in der Initiierung oder Beendigung der Polymerbildung verwendet werden, keine Monomere.[80]

Damit sind Monomere begrifflich Zwischenprodukte. Diese werden nach Art. 3 Ziff. 15 als Stoffe definiert, die für die chemische Weiterverarbeitung hergestellt und hierbei verbraucht oder verwendet werden, um in einen anderen Stoff umgewandelt zu werden (als „Synthese“ bezeichnet). Dieselben Stoffe, die im Rahmen einer Polymerisation „Monomere“ sind, sind somit außerhalb der Polymerbildung keine Monomere, sondern Zwischenprodukte. Nach Art. 6 Abs. 2 sollen diese Stoffe (in dieser Vorschrift jedoch als „Monomere“ bezeichnet) jedoch nicht die Erleichterungen für die Registrierung als standortinterne isolierte Zwischenprodukte nach Art. 17 oder als transportierte isolierte Zwischenprodukte nach Art. 18 erfahren, sondern als „normale“ Stoffe den Registrierungspflichten unterworfen werden.[81]

Anhand des EINECS-gelisteten Stoffes Propylen wird diese rechtliche Differenzierung für die Anwendung des Stoffes als Monomer in der Polymerisation und als Zwischenprodukt in dem Beispiel 1 des Guidance for monomeres and polymeres unter 2.1 verdeutlicht:

Wird Propylen in dem Polymerisationsprozess zur Herstellung in Polypropylen eingesetzt, ist Propylen ein Monomer.

Wird Propylen zur Herstellung von Propylenoxid unter Einsatz eines Katalysators, z. B. in einer katalytischen Epoxidation-Reaktion mit Hydrogenperoxid (H_2O_2) eingesetzt, ist Propylen Zwischenprodukt.

Daneben wird Propylen als Brenngas in bestimmten industriellen Prozessen verwandt. Propylen ist hierbei weder Monomer noch Zwischenprodukt.

---

80 S. hierzu auch jüngst: Schlussanträge der Generalanwältin in der Rs. C-558/07 vom 10.3.2009, insb. Rn. 26 ff., 58.

81 S. Guidance for monomeres and polymeres, 2.1.

2.3.3 Die Anwendung der Ausnahmeregelung für Polymere des Art. 2 Abs. 9 auf durch Recyclingverfahren gewonnene Kunststoffsekundärrohstoffe und -produkte

Zu unterscheiden ist:

a) Recycelte Kunststoffpolymere, die nach den vorstehenden Ausführungen im Teil IV auch nach Beendigung des Recyclingprozesses noch als Abfall anzusehen sind, unterliegen nach Art. 2 Abs. 2 nicht der REACH-VO.
b) Ist für die Recyclingsekundärrohstoffe und -produkte nach bislang geltendem Recht und künftig nach Art. 6 AbfRRL der Eintritt des Abfallendes anzunehmen, unterliegen sie der REACH-VO.

Unterstellt, dass eine „Herstellung" im Sinne des Art. 6 Abs. 1 und/oder eine Rückgewinnung eines Stoffes im Sinne des Art. 2 Abs. 7 lit. d) vorliegt – diese Fragen werden nachstehend unter 2.4.3.1 geprüft –, schließt Art. 2 Abs. 9 eine Registrierung der Kunststoffpolymere in den gewonnenen Sekundärrohprodukten oder des Sekundärrohstoffes aus. Dieser Ausschluss gilt für den Fall, dass das durch das Recyclingverfahren gewonnene Kunststoffpolymer als ein einem originären Kunststoffpolymer vergleichbares Polymer oder in einer Mischung von Polymeren oder von Polymeren mit anderen chemischen Stoffen als Zubereitung anfällt.

Allgemein wird angenommen, dass die Recyclingunternehmen, die durch Recycling polymere Stoffe gewinnen, anstelle der in Art. 2 Abs. 9 von der Registrierung befreiten Polymere die Monomere und die anderen Stoffe in den Polymeren im Sinne des Art. 6 Abs. 3 zu registrieren haben, es sei denn,

a) die Monomerstoffe oder anderen Stoffe in dem Polymer sind von einem vorgeschalteten Akteur in der Lieferkette registriert worden (Art. 6 Abs. 3), oder
b) unter der Voraussetzung des Art. 2 Abs. 7 lit. d) die Monomere und anderen Stoffe, die das recycelte Polymer bilden, bereits überhaupt registriert worden sind.[82]

Da die stoffliche Ausschlussregelung des Art. 2 Abs. 9 in seinem Wortlaut nur die Befreiung der Polymere von der Registrierungspflicht zum Ausdruck bringt und nicht die ersatzweise Registrierung der die befreiten Polymere bildenden Monomere und anderen Stoffe enthält, kommt eine ersatzweise Registrierung

82 Vgl. Guidance for monomeres and polymeres, 3.2.1.4.

der Monomere und der anderen Stoffe in den Monomeren für die Recyclingunternehmen nur in Betracht, wenn die Vorschriften des Art. 2 Abs. 7 lit. d) und Art. 6 Abs. 3 diese ersatzweise Registrierung der Monomere und der anderen Stoffe in den Polymeren für die durch Recycling gewonnenen Kunststoffpolymere zum Ausdruck bringen.

Bei beiden Ausnahmeregelungen handelt es sich um hersteller- oder importbezogene Regelungen mit eigenen Anwendungsvoraussetzungen. Deren Anwendung auf die recycelten Kunststoffpolymere und der sie bildenden Stoffe ist nachstehend zu prüfen.

2.4 Die Anwendung der Ausnahmeregelung für zurückgewonnene registrierte Stoffe gemäß Art. 2 Abs. 7 lit. d) auf durch Recyclingverfahren gewonnene Kunststoffsekundärrohstoffe

2.4.1 Inhalt der Ausnahmeregelung

Nach Art. 2 Abs. 7 lit. d) sind registrierte Stoffe von der Registrierung, den Regelungen über nachgeschaltete Anwender und von der Bewertung ausgenommen,
- wenn sie in der Gemeinschaft zurückgewonnen werden, und
- der aus dem Rückgewinnungsverfahren hervorgegangene Stoff mit dem registrierten Stoff identisch ist, und
- dem die Rückgewinnung durchführenden Unternehmen die in Art. 31 und 32 vorgeschrieben Informationen über den registrierten Stoff zur Verfügung stehen.

Unbestritten ist, dass Art. 2 Abs. 7 lit. d) nur die Registrierung des Stoffes überhaupt, nicht aber, wie in Art. 6 Abs. 3 geregelt, eine Registrierung von einem vorgeschalteten Akteur in der Lieferkette verlangt.

2.4.2 Keine Anwendbarkeit der Registrierungspflicht nach Art. 6 Abs. 1 und Art. 2 Abs. 7 lit. d) auf durch werkstoffliche Recyclingverfahren gewonnene Kunststoffpolymere

In dem *werkstofflichen Kunststoffrecyclingverfahren* werden aus Kunststoffabfällen Kunststoffpolymere als solche, die den originären Kunststoffpolymeren vergleichbar sind, in Mischungen aus verschiedenen Kunststoffpolymeren oder in Mischungen von Kunststoffpolymeren mit anderen Stoffen gewonnen. Die recycelten Kunststoffpolymere sind nach Art. 2 Abs. 9 von der Registrierung befreit; insoweit findet Art. 2 Abs. 7 lit. d) tatbestandlich auf die recycelten Kunststoffpolymere keine Anwendung.

Monomerstoffe und andere Stoffe, die die Polymere bilden, werden *durch das werkstoffliche Recyclingverfahren* nicht aus den Kunststoffabfällen gewonnen, da diese in die Kunststoffpolymere eingebunden sind und nicht durch die Trennungsverfahren der werkstofflichen Recyclingverfahren aus den Kunststoffpolymeren gelöst werden können. Das Ziel des werkstofflichen Recyclingverfahrens ist es gerade, dass die Kunststoffpolymere in den Kunststoffabfällen in dem Recyclingverfahren ihre Molekularstruktur unverändert beibehalten und somit die Monomerstoffe und die anderen die Polymere bildenden Stoffe nicht aus den Polymeren herausgelöst werden.

Damit werden durch die werkstofflichen Recyclingverfahren keine Monomerstoffe rückgewonnen, so dass Art. 2 Abs. 7 lit. d) nicht auf das werkstoffliche Recyclingverfahren anwendbar ist.

Im Gegensatz hierzu werden bei den auf eine chemische Zersetzung der Kunststoffe in den Kunststoffabfällen ausgerichteten *chemischen Recyclingverfahren* die molekularen Bausteine und Ausgangsstoffe der Kunststoffpolymere neu durch chemische Umwandlung gewonnen. Das chemische Recyclingverfahren stellt sich somit als ein Rückgewinnungsverfahren im Sinne des Art. 2 Abs. 7 lit. d) dar, bei dem die aus den Kunststoffabfällen zurückgewonnenen molekularen Bausteine und Ausgangsstoffe registrierpflichtige Stoffe nach Titel II der REACH-VO sind.[83]

2.4.3 Zur Anwendbarkeit der Regelung des Art. 6 Abs. 3 über die Registrierungspflicht für Monomere auf die Rückgewinnung nach Art. 2 Abs. 7 lit. d)

Bei der Anwendung des Art. 2 Abs. 7 lit. d) auf die Monomerstoffe und die anderen Stoffe in Form der Monomereinheiten und chemisch gebundenen Stoffe, aus denen die Polymere gebildet werden, anstelle der von der Registrierungspflicht befreiten, aus den Abfallstoffen gewonnenen Kunststoff-Polymere müssen die Voraussetzungen des Art. 6 Abs. 3 vorliegen, wenn bei dem Rückgewinnungs-

83 In dem Dokument der Kommission „Questions and Answers on REACH, Juli 2007, S. 13, 12.1.5, wird hierzu ausgeführt: if waste is used to make *new substances* in quantities of 1 tonne or more, these substances need to be registired." Unter 12.1.8 wird zum Zulassungsverfahren ausgeführt: "However, for recycled products in the form of different substances, preparations or articles that are generated by a *process of transformation* and which will be placed on a market or used".

verfahren auf diese Stoffe statt auf die Polymere nach Art. 2 Abs. 7 lit. d) abgestellt werden soll. Die Voraussetzungen des Art. 6 Abs. 3 sind:

a) die *Herstellung eines Polymers* (s. nachstehend unter 2.4.3.1) und
b) das Polymer wird aus einem oder mehreren Monomerstoffen oder anderen Stoffen gebildet, die von einem *vorgeschalteten Akteur in der Lieferkette* nach Titel II der REACH-VO zu registrieren sind (nachstehend unter 2.4.3.2).

2.4.3.1 Liegt bei der Rückgewinnung der Kunststoffpolymere aus Kunststoffabfällen im Rahmen des Art. 2 Abs. 7 lit. d) die Herstellung eines Polymers im Sinne des Art. 6 Abs. 3 vor?

Da nur die Herstellung eines Stoffes nach Art. 6 Abs. 1 registrierungspflichtig ist und die Rückgewinnung eines Stoffes in dieser Grundnorm nicht genannt ist, muss es sich bei der Rückgewinnung eines Stoffes durch ein Rückgewinnungsverfahren im Sinne der Ausnahmevorschrift für die Registrierung nach Art. 2 Abs. 7 lit. d) zwangsweise um einen speziell geregelten Unterfall der Herstellung eines Stoffes handeln. Art. 2 Abs. 7 lit. d) ist damit so auszulegen, dass durch die Rückgewinnung eines registrierungspflichtigen Stoffes ein Stoff hergestellt wird. Damit müssen zur Anwendbarkeit des Art. 2 Abs. 7 lit. d) die rechtlichen Voraussetzungen für die Herstellung eines Stoffes im Sinne der Registrierungspflicht nach Art. 6 Abs. 1 vorliegen.

„Herstellung“ ist nach der Begriffsbestimmung des Art. 3 Ziff. 8 die Produktion oder Extraktion von Stoffen in natürlichem Zustand. „Hersteller“ ist nach Art. 3 Ziff. 9 eine natürliche oder juristische Person mit Sitz in der Gemeinschaft, die in der Gemeinschaft einen Stoff herstellt. Hieraus folgt, dass Recyclingunternehmen, die aus Kunststoffabfällen durch ein werkstoffliches Recyclingverfahren Kunststoffpolymere oder Kunststoffpolymermischungen gewinnen, nur dann als Hersteller im Sinne von Kunststoffpolymeren anzusehen sind, wenn bei den angewandten Recyclingverfahren die Kunststoffpolymere durch ein Herstellungsverfahren neu geschaffen werden. Durch Herstellung/Produktion eines Stoffes muss begriffsnotwendig ein neuer Stoff entstehen, denn ein bereits hergestellter, vorliegender Stoff kann bei Stoffidentität nicht ein zweites Mal hergestellt, sondern nur verwendet (wie z.B. bearbeitet, behandelt – vgl. Art. 3 Ziff. 24) werden. Stoffverbindungen im Sinne des Art. 3 Ziff. 1 entstehen durch chemische Reaktionen, dass heißt durch chemische Umwandlung anderer Stof-

fe.[84] Durch die Rückgewinnung als Unterfall der Herstellung muss ein Stoff, der noch nicht vorliegt, zurückgewonnen werden, d. h. durch chemische Reaktion neu entstehen. Diese Voraussetzung ist bei einer Gewinnung von Kunststoffpolymeren aus Kunststoffabfällen durch die werkstofflichen Recyclingverfahren nicht erfüllt. Bei diesen werden die Kunststoffpolymere, die in den Kunststoffabfällen vorhanden sind, in unveränderter chemischer Struktur, also als nicht chemisch veränderte Stoffe[85] gewonnen. Die Kunststoffe in den Abfällen in dem werkstofflichen Recyclingverfahren werden nur sortiert, gereinigt, einem Aufschmelzungsprozess unterzogen und in eine physikalische Form wie Granulate etc. gebracht und somit nur physikalisch aufbereitet. Im thermischen Aufschmelzungsprozess der Kunststoffe erfolgt keine chemische Reaktion der Kunststoffpolymere, sondern nur ein Erwärmungsprozess bis zur Fließfähigkeit des Kunststoffes und es entsteht kein neuer Stoff mit anderer Stoffidentität als die eingesetzten Kunststoffpolymere.

Auch die zweite Variante des Herstellungsbegriffs des Art. 3 Ziff. 8, *„die Extraktion von Stoffen im natürlichen Zustand“* liegt beim werkstofflichen Recycling nicht vor. Weder erfolgt der Prozess einer „Extraktion“ noch kann man bei den durch Recycling gewonnenen Kunststoffpolymeren „von einem Stoff im natürlichen Zustand“ sprechen. Als „Extraktion“ wird in der Chemie das Herauslösen eines reinen Stoffes aus einem homogenen oder heterogenen Gemisch verstanden.[86]

Wenn auch bei dem werkstofflichen Kunststoffrecyclingverfahren eine Trennung der Abfallstoffe zu sortenreinen Kunststoffabfällen stattfindet, um sortenreines Kunststoffmaterial zu gewinnen, und die Fremdstoffe von den Kunststoffabfallmaterialien getrennt werden, werden damit die Kunststoffpolymere nicht durch ein Extraktionsverfahren aus den Abfallstoffen herausgelöst, denn zur Gewinnung der Kunststoffpolymere sind die weiteren Aufbereitungsschritte des Recyclingverfahrens, wie vor allem das Aufschmelzen der Kunststoffabfallstoffe (Plastifizierung) und die anschließende Granulierung erforderlich (vgl. vorste-

---

84 Vgl. hierzu auch den Stoffbegriff im Sinne des Art. 3 Ziff. 1 „gewonnen durch ein Herstellungsverfahren“, dem die Herstellung durch chemische Reaktion zugrunde liegt, im Zusammenhang mit der Herstellung von Reaktionsgemischen, nachstehend unter 2.6.2.3.

85 Vgl. Art. 3 Ziff. 40.

86 Vgl. Mortimer/Müller, a.a.O., S. 715 und S. 9–10. Nach Römpp, Lexikon Chemie, 10. Aufl., S. 1268, ist Extraktion ein Trennverfahren durch Herauslösen von bestimmten Bestandteilen aus festen oder flüssigen Substanzgemischen mithilfe geeigneter Lösemittel; Beyer/Walter, Lehrbuch der Organischen Chemie, 24. Aufl., S. 6, definieren Extraktion als „Methode der Reinigung und Isolierung organischer Verbindungen, bei der aus einem Gemisch fester oder flüssiger Substanzen durch ein selektiv wirkendes Lösungsmittel die eine oder andere Substanz extrahiert wird.“

hend unter III., 1 und 2). Auch sind die durch werkstoffliches Recyclingverfahren gewonnenen (Kunststoff-)Polymere keine „Stoffe im natürlichen Zustand", denn sie sind durch die chemischen Reaktionsverfahren der Polymerisation, Polykondensation oder Polyaddition (s. vorstehend unter II., 3.5) aus den monomeren und ähnlichen oder unähnlichen Molekülen gebildet worden.

Auch beim chemischen Recycling werden die molekularen Bausteine der Polymerstoffe und die anderen in den Polymeren chemisch gebundenen Stoffe nicht durch Extraktion, sondern durch chemische Reaktionen gewonnen (s. vorstehend unter II., 3.3).[87]

Danach liegt bei der Gewinnung der Kunststoffpolymere durch werkstoffliches Recyclingverfahren keine Herstellung eines Stoffes und keine Rückgewinnung eines nicht vorliegenden Stoffes im Sinne des Art. 2 Abs. 7 d) REACH-VO vor.

Damit ist die Gewinnung der Kunststoffpolymere aus den Kunststoffabfällen durch werkstoffliches Recyclingverfahren kein registrierungspflichtiger Vorgang im Sinne des Art. 6 Abs. 1, Art. 2 Abs. 7 lit. d) und Art. 6 Abs. 3.

2.4.3.2 Kein vorgeschalteter Akteur in der Lieferkette im Sinne des Art. 6 Abs. 3

Davon abgesehen kann Art. 6 Abs. 3 in Bezug auf die in dieser Vorschrift genannten Monomerstoffe und anderen Stoffen in den Polymeren keine Anwendung auf die Gewinnung der Kunststoffpolymere durch werkstoffliches Recyclingverfahren finden, weil die weitere Voraussetzung des Art. 6 Abs. 3 einer durchgeführten oder möglichen Registrierung durch *einen vorgeschalteten Akteur in der Lieferkette beim Kunststoffrecycling nicht gegeben ist.*

Die Lieferkette von der Herstellung eines originären Kunststoffes bis zur Entstehung der Kunststoffabfälle wird hiernach durch das Recyclingverfahren als Verfahren der Abfallverwertung und -behandlung unterbrochen. Da Abfälle nach Art. 2 Abs. 2 von den Vorschriften der Registrierung und der nachgeschalteten Anwender ausgenommen sind, ist das Recyclingverfahren zur Gewinnung von Kunststoffpolymeren aus den Kunststoffabfällen als werkstoffliches Recyclingverfahren nicht mehr als Teil der Fortsetzung der Lieferkette anzusehen. Die das Abfallrecycling durchführenden Unternehmen sind somit keine nachgeschalteten Anwender im Sinne des Art. 3 Ziff. 13. In ihren Recyclingverfah-

87 Hiernach können die monomeren Bausteine und sonstigen gebundenen Stoffe in den Polymeren beim chemischen Recycling nur durch eine „Herstellung" durch chemische Reaktionsverfahren im Sinne der ersten Variante des Herstellungsbegriffes im Sinne des Art. 3 Ziff. 8 gewonnen werden.

ren verwenden sie nicht einen der REACH-VO unterliegenden Stoff als solchen oder in einer Zubereitung, sondern Abfall, auf den wegen des Ausschlusses der Abfälle von den stoffbezogenen Regelungen der REACH-VO der für die Registrierungen und die Vorschriften über die nachgeschalteten Anwender geltende Verwendungsbegriff des Art. 3 Ziff. 24 nicht zur Anwendung kommt.[88] Hiernach besteht hinsichtlich der durch ein werkstoffliches Recyclingverfahren gewonnenen Kunststoffpolymere und der möglicherweise ersatzweise nach Art. 6 Abs. 3 zu registrierenden Monomerstoffe und der anderen Stoffe in den Polymeren kein vorgeschalteter Akteur in der Lieferkette, so dass Art. 6 Abs. 3 auf die durch Recyclingverfahren gewonnenen Kunststoffpolymere im Rahmen des Art. 2 Abs. 7 lit. d) keine Anwendung findet. Bei der Rückgewinnung im Rahmen des Art. 2 Abs. 7 lit. d) kann somit nicht ersatzweise auf die Monomerstoffe und anderen gefundenen Stoffe in den Polymeren anstelle der durch Art. 2 Abs. 9 befreiten Polymere abgestellt werden.

Dieses Ergebnis trägt den praktischen Schwierigkeiten der Kunststoffrecycler zur Ermittlung der Monomere und der anderen Stoffe in den recycelten Kunststoffabfällen und deren möglicher vorangegangener Registrierung in der Lieferkette der originären Kunststoffe, bevor diese zu Abfällen wurden und zur Abfallverwertung abgegeben wurden, Rechnung. Handelt es sich bei den recycelten Kunststoffabfällen nicht um sortenreine Produktionsabfälle, sondern um gesammelte Abfälle aus Kunststoffmischungen wie z. B. aus der „Gelben Tonne" des Hausmülls, so haben die Recycler keine Möglichkeiten, die Informationen über die Monomere oder die sonstigen Stoffe in den Kunststoffpolymeren oder über die Zusammensetzung der Kunststoffe in den Abfällen und infolgedessen über deren Registrierung zu erhalten.

2.5 Zwischenergebnis

Nach vorstehender Untersuchung ist das folgende Zwischenergebnis zur Registrierungspflicht für die durch Recyclingverfahren in der EU gewonnenen Kunststoffsekundärrohstoffe und -produkte (Kunststoffpolymere und Mischungen in Kunststoffpolymeren) zusammenfassend festzustellen:

88 Im Ergebnis ebenso DOC CA/24/2008, rev. 2, unter 3.1.1, S. 7.

2.5.1 Chemisches Recyclingverfahren

Die durch chemische Recyclingverfahren gewonnenen molekularen Bausteine und Ausgangsstoffe der Kunststoffpolymere in den Kunststoffabfällen, wie die Monomerstoffe und sonstigen chemisch gebundenen Stoffe in den Polymeren sind wie die entsprechenden originären Stoffe nicht von der Registrierungspflicht ausgenommen. Sie sind von dem Recyclingunternehmen nach Art. 6 Abs. 1 zu registrieren und nur unter den Voraussetzungen der Ausnahmevorschrift des Art. 2 Abs. 7 lit. d) von der Registrierung befreit.

2.5.2 Werkstoffliches Recyclingverfahren

Die durch ein werkstoffliches Recyclingverfahren aus den Kunststoffabfällen gewonnen Kunststoffpolymere und -polymermischungen und die in ihnen enthaltenen Monomerstoffe und anderen chemisch gebundenen Stoffe in den Polymeren sind nicht registrierungspflichtig, weil

a) *Polymere* nach Art. 2 Abs. 9 von der Registrierungspflicht befreit sind,
b) *keine Herstellung* eines neuen Stoffes vorliegt, denn es werden nur die in den recycelten Kunststoffabfallmaterialien bereits vorhandenen Kunststoffpolymere chemisch unverändert gewonnen. Es gilt, dass ein bereits hergestellter Stoff nicht ein zweites Mal hergestellt werden kann, sondern nur „verwendet" wird. Beim werkstofflichen Recycling stellt die Rückgewinnung eines in den behandelten Abfallmaterialien vorliegenden Stoffes (Kunststoffpolymers) keine Herstellung eines Stoffes im Sinne der Voraussetzungen der Registrierungspflicht von Stoffen dar, und
c) im Hinblick auf die Monomerstoffe und/oder die anderen Stoffe in Form der Monomereinheiten und die chemisch gebundenen Stoffe in den gewonnenen Kunststoffpolymeren die Lieferkette durch das Recycling der Kunststoffabfälle als Abfallverwertung nach Art. 2 Abs. 2 unterbrochen ist und es somit an einem vorgeschalteten Akteur in der Lieferkette, der die Monomerstoffe und anderen Stoffe in den Kunststoffpolymeren hätten registrieren können oder diese registriert hat, im Sinne des Art. 6 Abs. 3 fehlt und somit die Gleichstellungsregelung des Art. 6 Abs. 3 für Monomere mit den hergestellten oder importierten Polymeren hier keine Anwendung findet.

2.6 Gesetzliche Voraussetzungen für die Registrierungspflicht der Kunststoffrecycler hinsichtlich ihrer durch chemisches Recyclingverfahren gewonnenen chemischen Stoffe als solche oder in Zubereitungen nach Art. 6 Abs. 1

Liegen für die durch *chemisches* Recyclingverfahren gewonnenen molekularen Baustoffe und Ausgangsstoffe der Kunststoffpolymere nicht die Voraussetzungen des Art. 2 Abs. 7 lit. d) für ihre Befreiung von der Registrierungspflicht vor, sind sie nach Art. 6 Abs. 1 zu registrieren. Die durch den Stoffbegriff bedingte Registrierungspflicht ist nachstehend darzustellen.

2.6.1 Allgemeine Registrierungspflicht nach Art. 6 Abs. 1

Nach Art. 6 Abs. 1 ist ein Stoff als solcher oder ein Stoff in einer oder mehreren Zubereitungen registrierungspflichtig, den ein Hersteller in einer Menge von 1 t/a oder mehr in der EU herstellt. Im Gegensatz zum bisherigen EG-Chemikalienrecht, nach dem nur in Verkehr gebrachte Neustoffe[89] einer Anmeldepflicht unterlagen, sind alle Stoffe, alte Stoffe wie auch neue Stoffe, die *nach* dem Inkrafttreten der Registrierungsvorschriften der REACH-VO am 1.6.2008 (s. Art. 101 Abs. 2) in der EU hergestellt oder in die EU eingeführt werden, registrierungspflichtig.

Sind diese Stoffe nicht registriert worden, dürfen sie nach dem Grundsatz des Art. 5 „ohne Daten kein Markt" weder hergestellt noch in Verkehr gebracht werden. Art. 5 enthält ein öffentlich-rechtliches Verkehrsverbot.[90] Die erst ein Jahr nach Inkrafttreten der REACH-VO am 1.6.2007 eintretende Wirksamkeit der Registrierungspflicht nach Art. 141 Abs. 2, bis zu der noch das bisherige Recht der Gefahrstoffrichtlinie 67/548/EWG, umgesetzt im deutschen Chemikaliengesetz, gilt, ist zu beachten. Für diese Übergangszeit gilt das bisherige Chemikalienrecht:

Soweit es sich bei den vor dem 1.6.2008 hergestellten Stoffen um EINECS gelistete Stoffe handelt, unterliegen diese Stoffe keiner Anmeldepflicht nach § 4 ChemG.

89 Vgl. § 4 Abs. 1 i.V.m. § 3 Ziff. 2 Gesetz zum Schutz vor gefährlichen Stoffen (Chemikaliengesetz – ChemG), Neufassung vom 20.6.2002 (BGBl. I. S. 2090), zuletzt geändert durch Verordnung vom 25.11.2003 (BGBl. I S. 2304).

90 Vgl. nachstehend Fn. 91.

Stoffe, die vor dem 1.6.2008 hergestellt wurden und erst nach diesem Stichtag in den Verkehr gebracht wurden oder nach längerer Lagerhaltung noch danach in Verkehr gebracht werden sollen, sind nach Art. 141 Abs. 2 von der Registrierungspflicht befreit. Diese Stoffe unterliegen auch nicht dem ab 1.6.2008 geltenden Verbot des Inverkehrbringens ohne Vorliegen einer Registrierung nach Art. 5 in der Lieferkette, da sich das Inverkehrbringungsverbot auf eine vorangegangene Registrierungspflicht des Herstellers des Stoffes als abgeleitetes Recht auf nachgeschalteter Ebene bezieht (Argument Art. 5 letzter Halbsatz).[91]

Beim Inverkehrbringen dieser Stoffe nach dem Inkrafttreten der REACH-VO am 1.6.2007 sind jedoch die Informationspflichten der Lieferkette nach Titel IV der REACH-VO, insbesondere nach den Regelungen über die Sicherheitsdatenblätter und Stoffinformationen nach Art. 31 und 32 zu beachten.

Die Registrierungspflicht nach Art. 6 Abs. 1 ist eng mit dem *Begriff der Herstellung der Stoffe* nach Art. 3 Ziff. 8 und mit dem *Stoffbegriff* nach Art. 3 Ziff. 1 inhaltlich verknüpft.

Zum Inhalt des Begriffs der Herstellung eines Stoffes ist, um Wiederholungen zu vermeiden, auf vorstehende Ausführungen unter 2.4.3.1 zu verweisen.

2.6.2 Zum Stoffbegriff der REACH-VO

Der von dem Hersteller zu registrierende „Stoff" ergibt sich aus dem Stoffbegriff des Art. 3 Ziff. 1. Danach ist ein Stoff

> „ein chemisches Element und seine Verbindung in natürlicher Form oder gewonnen durch ein Herstellungsverfahren, einschließlich der zur Wahrung seiner Stabilität notwendigen Zusatzstoffe und der durch das angewandte Verfahren bedingten Verunreinigungen, aber mit Ausnahme von Lösungsmitteln, die von dem Stoff ohne Beeinträchtigung seiner Stabi-

---

91 Nach diesseitiger Auffassung ist Art. 5 (Verbot des Inverkehrbringens nicht registrierter Stoffe) nicht adressatenneutral in wörtlicher Auslegung des Art. 5 zu interpretieren, sondern dient der Durchsetzung der primären Registrierungs- und Informationsbeschaffungspflichten auf der Ebene der registrierungspflichtigen Hersteller und Importeure. Art. 5 ist als Inverkehrverbringungsverbot mit Registrierungsvorbehalt zu verstehen und begründet keine Nutzungs- und Inverkehrbringungsverbote für nachgeschaltete Anwender, die keine Registrierungspflicht nach Art. 6 Abs. 1 trifft. Das Inverkehrverbringungsverbot nach Art. 5 erfasst somit nur denjenigen, für den die Registrierungspflicht nach Art. 6 Abs. 1 vorgeschrieben ist; s. im Einzelnen: Fluck, REACH-Übergangsprobleme – keine Verkehrsfähigkeit nicht (vor-)registrierter Stoffe?, in: StoffR 2008, 253, 255–256; im Ergebnis ebenso: Fluck/Fischer/von Hahn, REACH + Stoffrecht, Kommentar 2008, Art. 5 REACH, Rn. 10 ff.; teilweise abweichend die Meinungsäußerungen von Vertretern von Mitgliedstaaten im 5 th Meeting of the competent Authorities for the implementation of Regulation (EC) 1907/2006 (REACH) vom 25.–26.9.2008, „Issues brought forward by RECORN", ECHA DOC: CA/47/2008, mit abweichenden Auffassungen einzelner Mitgliedstaaten.

lität und ohne Änderung seiner Zusammensetzung abgetrennt werden können."[92]

Die Stoffdefinition nach Art. 3 Abs. 1 geht in mehrfacher Hinsicht über das reine chemische Element oder die reine Stoffverbindung hinaus:

Einmal werden die zur Wahrung der Stabilität des Stoffes notwendigen Zusatzstoffe und die durch das angewandte Herstellungsverfahren bedingten Verunreinigungen als unselbstständige Teile des Stoffes angesehen. Zum anderen soll als Stoff angesehen werden, wie er „durch ein Herstellungsverfahren gewonnen wird".

2.6.2.1 Zusatzstoffe

Zusatzstoffe, in der Praxis auch als „Additive" bezeichnet, sind solche Stoffe, die im Herstellungsprozess eines Stoffes den Einsatzstoffen oder dem gewonnenen Stoff gezielt hinzugegeben werden, um bestimmte Eigenschaften zu erzielen.

Teil des chemischen Stoffes und somit nicht eigenständig als Stoff zu werten sind solche *Zusatz*stoffe, die von dem Hersteller des Stoffes *gewollt zur Wahrung der Stabilität* der Stoffverbindung zugegeben wurden. Die stabilisierenden Additive gehen in die Massebilanz des Stoffes ein. Folglich handelt es sich bei der Zumischung eines zur Wahrung der Stabilität notwendigen Stoffes (Additives) zu einem Stoff insgesamt um einen chemischen Stoff im Sinne des Art. 3 Ziff. 1, der durch die Hauptsubstanz des Stoffes bestimmt wird. Andere gewollt dem Stoff zugegebene Additive, *die nicht der Stabilisation dienen*, wie z. B. pH-Regulatoren oder Farbpigmente, sind dagegen nicht von dem Stoffbegriff erfasst und eigenständige Stoffe. Sie gehen folglich nicht in die Massebilanz eines Stoffes ein. Sie bilden mit dem erzeugten Stoff ein Gemisch. Hierbei handelt es sich um eine Zubereitung im Sinne des Art. 3 Ziff. 2, die aus zwei oder mehreren Stoffen besteht.

2.6.2.2 Verunreinigungen in einem Stoff

Die von dem Hersteller *ungewollt* im Herstellungsverfahren zu der Stoffverbindung hinzutretenden anderen Stoffe sind als *Verunreinigungen* der Stoffverbindung und somit als unselbstständiger Teil des Stoffes anzusehen, soweit sie als

---

92 Die Stoffdefinition der REACH-VO ist identisch mit dem bisherigen Stoffbegriff der 7. Änderungsrichtlinie 92/32/EWG zur Änderung der Richtlinie 67/548/EWG.

Einzelkomponente oder in der Gesamtheit aller ungewollt in die Stoffverbindung gelangten anderen Stoffe einen Massenanteil von 20 % w/w nicht überschreiten. Diese Verunreinigungen können entweder aus den Einsatzstoffen oder sonst wie aus dem Herstellungsprozess in den Stoff gelangt sein. Treten somit ungewollt andere Stoffe, d. h. Verunreinigungen bei einem chemischen Stoff auf, muss der chemische Stoff hiernach zumindest 80 % w/w aus einer identifizierten Stoffverbindung bestehen (der bestimmenden Hauptkomponente) und bis zu 20 % w/w aus einem oder einer Vielzahl anderer Stoffe als Verunreinigungen (80:20 %-Regelung).[93]

Liegen andererseits mehr als 20 % w/w Verunreinigungen ungewollter Stoffe neben einer Hauptkomponente mit unter 80 % w/w vor, so handelt es sich um ein Stoffgemisch, d. h. um eine Zubereitung, die aus der Hauptkomponente und anderen Stoffen in der Verunreinigung besteht. Dabei sind alle neben der Hauptkomponente auftretenden Stoffe als Stoffe in der Zubereitung zu identifizieren, deren Anteil größer als 10 % w/w beträgt.

Wenn möglich, sollten Verunreinigungen eines Stoffes ≥ 1 % stofflich identifiziert werden. Wenn die Stoffe in den Verunreinigungen für die gefahrstoffrechtliche Einstufung des Hauptstoffes wegen ihrer gefährlichen Eigenschaften relevant oder für das PBT-Assessment von Bedeutung sind, sollten die Informationen über die Bestandteile des Stoffes bis zu 100 % gehen.

Polymere mit Zusatzstoffen und Verunreinigungen

Polymere sind Stoffe im Sinne des Art. 3 Ziff. 1 mit besonderer Ausgestaltung. Zusatzstoffe, die von dem Hersteller *gewollt* dem Polymer zur Wahrung der Stabilität zugegeben worden sind (heat stabiliser, light stabiliser and/or antioxidant) und in der Polymer-Struktur nicht vernetzt sind, sind als unselbstständige Teile des Polymers anzusehen.[94]

Ebenso sind ungebundene Stoffe in den Polymeren, die *ungewollt* in dem Herstellungsprozess in den Polymerstoff gelangt sind, als Verunreinigungen im Sinne des Art. 3 Ziff. 1 anzusehen und deren Stoffbestandteile sind als Teile des Polymers zu behandeln, wenn sie nach der 80:20 %-Regel unterhalb eines Massenanteils von 20 % liegen.

93 Bei der 80:20 %-Regel handelt es sich um eine in der chemikalienrechtlichen Praxis entwickelte Konvention zum Stoffbegriff; vgl. Guidance for identification and naming of substances under REACH, Juni 2007, 4.2, S. 22.

94 Vgl. Guidance for monomers and polymers, 3.3.

Wie nachstehend zu den Polymerzubereitungen noch darzulegen ist, sind andererseits Zusatzstoffe (Additive), die keine Polymer-Stabilisatoren sind, nicht als Teile der Polymere, sondern als selbstständig zu bewertende Stoffe neben den Polymeren anzusehen. Liegen diese ungebundenen Zusatzstoffe neben den Polymeren vor, handelt es sich um eine Zubereitung, die aus einem Polymer und den Zusatzstoffen besteht. Sie entsteht durch die Mischung des Additivstoffes mit dem Polymerstoff/-gemisch im Sinne des Art. 3 Ziff. 2.

Andererseits sind die Herstellung des nicht stabilisierenden Zusatzstoffes als solcher und die Einfuhr der Zusatzstoffe als solche oder in einer Mischung mit Polymeren registrierungspflichtig nach Art. 6 Abs. 1,[95] wenn diese Zusatzstoffe die Mengenschwelle von 1 t/a überschreiten.

2.6.2.3 Stoffe in der Gestalt, wie sie durch ein industrielles Herstellungsverfahren gewonnen werden

Stoffe im Sinne der Definition des Art. 3 Ziff. 1 sind Stoffe in ihrem natürlichen Zustand oder in dem Zustand, wie sie von der Industrie in einem Her-stellungsverfahren gewonnen werden.[96] Mit dem Bezug auf „Gewinnung durch ein Herstellungsverfahren" wird zum Ausdruck gebracht, dass sich der Stoffbegriff nicht auf lediglich reine Stoffe – dies sind chemische Elemente und chemische Stoffverbindungen, die einzig durch ihre Molekularstruktur bestimmt sind – beschränkt, sondern auch die Form umfasst, wie der Stoff von der Industrie hergestellt oder mit anderen Worten, wie er „durch ein Herstellungsverfahren gewonnen" wird.

Zur inhaltlichen Ausgestaltung des Stoffbegriffs ist somit auf die Entstehung der Stoffe durch industrielle Herstellungsverfahren in der Praxis abzustellen:

In den industriellen Produktionsverfahren verlaufen die chemischen Prozesse zur Herstellung von Stoffen nur selten so, dass chemisch reine Stoffe hergestellt werden. Vielmehr sind die Herstellungsprozesse aufgrund mehrfacher Reaktionsmöglichkeiten und der längeren Reaktionsdauer stets von Nebenreaktionen begleitet, die die Ausbeute an dem Hauptprodukt vermindern. Es fallen in der Regel Reaktionsgemische an, aus denen die Hauptprodukte von den Begleitstof-

95 Vgl. Guidance for monomers and polymers, 3.3, 3. Absatz.

96 Der Begriff „gewonnen durch ein Herstellungsverfahren" geht auf den Begriff „Produced by Industry" in der ursprünglichen Konzeption des Art. 2 Abs. 1 a der Gefahrstoffrichtlinie 67/548 EWG zurück, der in der 7. Änderungsrichtlinie (Richtlinie 92/32/EWG vom 30.4.1992) präzisiert und in der EU-Altstoffverordnung Nr. 793/93 vom 23.3.1993 verwendet wurde. Dieses Stoffkonzept ist unverändert in die REACH-VO übernommen worden.

fen abgetrennt und in reiner Form isoliert werden müssen.[97] Erst durch Trennungsverfahren im Herstellungsprozess können Elemente und chemische Verbindungen – diese sind Stoffe, die aus verschiedenen Elementen in definierter Zusammensetzung bestehen – und Gemische entstehen, die aus mehreren reinen Stoffen in wechselndem Mengenverhältnis gebildet werden. Die Gemische fallen als heterogene Gemische, die aus unterschiedlichen Stoffteilen bestehen und deren relative Mengenanteile von Probe zu Probe verschieden sein können, oder als homogene Gemische an, die eine einheitliche Zusammensetzung aus mehreren Stoffen haben, wie es z. B. bei der Luft, einer Zuckerlösung oder einer Gold-Silber-Legierung der Fall ist.

Bei dem Trennungsverfahren zur Gewinnung der reinen Stoffe aus den Gemischen ist zwischen physikalischen und chemischen Verfahren zu unterscheiden. Heterogene und homogene Gemische werden mithilfe physikalischer Methoden getrennt. Für die Trennung der in den Verbindungen enthaltenen Elemente und für die Trennung chemischer Verbindungen in andere Verbindungen dagegen sind chemische Methoden erforderlich.[98] Bei den chemischen Vorgängen werden Stoffe unter Bildung neuer Verbindungen umgewandelt und es entstehen neue Stoffe, während bei physikalischen Vorgängen Zustandsänderungen wie Schmelzen, Verdampfen oder Veränderungen der äußeren Gestalt hervorgerufen werden. Die chemischen Eigenschaften der reinen Stoffe (Elemente und chemische Verbindungen) beschreiben ihr Verhalten bei chemischen Vorgängen, die physikalischen Eigenschaften das Verhalten bei physikalischen Vorgängen.[99]

Der Stoffbegriff des Art. 3 Ziff. 1 stellt auf das von dem Hersteller gewollt erzielte Endprodukt seines Herstellungsverfahrens ab, das er entweder selbst verwenden oder in Verkehr bringen will. Der Hersteller bestimmt somit, ob und inwieweit er die durch sein Herstellungsverfahren gewonnenen Stoffmischungen, wie z. B. heterogene Mischungen in homogene Mischungen durch Trennungsprozesse aufarbeitet und/oder aus diesen reine Stoffe durch weitere Verfahrensschritte als Endprodukt gewinnt. Trennt der Hersteller die durch das Herstellungsverfahren zunächst entstandenen Mischungen von Stoffen nicht durch physikalische Methoden weiter auf, weil er diese Mischungen selbst verwenden oder in Verkehr bringen will, so sind die Reaktionsmischungen das gezielt durch Herstellungsverfahren gewonnene Produkt.

---

97 Vgl. Beyer/Walter a.a.O., S. 3–4.

98 S. Mortimer/Müller, a.a.O., S. 7–8.

99 Mortimer/Müller, a. a. O., S. 8.

Hieran knüpft sich die Frage, ob das gezielt durch chemische Reaktionen gewonnene Reaktionsgemisch als „Stoff, gewonnen durch ein Herstellungsverfahren" im Sinne des Art. 3 Ziff. 1 einzustufen ist oder als Stoffmischung, die dem Zubereitungsbegriff des Art. 3 Ziff. 2 unterliegt.

Die REACH-VO unterscheidet zwischen „Stoffen als solche" und „Stoffen in Zubereitungen". Bei den Zubereitungen handelt es sich nach der Definition des Art. 3 Ziff. 2 um „Gemenge, Gemische oder Lösungen, die aus zwei oder mehr Stoffen bestehen".[100] Da bei der Stoffdefinition gemäß Art. 3 Ziff. 1 nicht auf die durch Herstellungsverfahren gewonnenen Gemische, sondern nur auf durch Herstellungsverfahren gewonnene Stoffe abgestellt wird, sind die durch das Herstellungsverfahren gewonnenen Stoffe in den gezielt hergestellten Stoffgemischen nach dem Konzept des Stoffbegriffs „Substances as in a Form is Produced by Industry" die durch Herstellungsverfahren gewonnenen Stoffe.

Mit den als Endprodukt hergestellten Reaktionsgemischen werden somit mehrere Stoffe gewonnen, die chemische Elemente und/oder im Regelfall mehrere chemische Verbindungen einschließlich der Verunreinigungen sein können.

Nach der begrifflichen Differenzierung der Stoffe im Sinne des Art. 3 Ziff. 1 von den „Zubereitungen" in Art. 3 Ziff. 2 sind die durch Herstellungsverfahren gezielt als Endprodukt hergestellten Reaktionsgemische somit keine Stoffe, sondern durch chemische Reaktion von Stoffen hergestellte Zubereitungen.

An die rechtliche Unterscheidung von „Stoffen" und „Zubereitungen" werden in der REACH-VO unterschiedliche Rechtsfolgen geknüpft. Stoffe als solche und Stoffe in Zubereitungen sind nach Art. 6 Abs. 1 zu registrieren. Der Hersteller kann nur diese Stoffe in den Zubereitungen registrieren, nicht jedoch die Zubereitung als Gesamtheit von Stoffen. Damit sind bei den von den Herstellern gezielt hergestellten Reaktionsgemischen, die aus qualitativ und quantitativ bestimmten Stoffen gebildet werden, jeweils die spezifizierten Stoffe in den Reaktionsgemischen zu registrieren.

Dabei bestimmen sich die geltenden Mengenschwellen für die Informationsanforderungen für die Registrierungen der Stoffe nach Art. 12 nach den Mengen der einzelnen Stoffe in den Reaktionsgemischen und beziehen sich nicht auf die Menge der Reaktionsgemische insgesamt.

---

100 Der Begriff der „Zubereitungen" wird in der VO (EG) Nr. 1272/2008 vom 16.12.2008, ABl. EG L 353 S. 1 ff., mit der das global harmonisierte System zur Einstufung und Kennzeichnung von Chemikalien („GHS") eingeführt wird, durch „Gemisch" ersetzt, vgl. Art. 2 Ziff. 8 dieser Verordnung, s. nachstehend Teil V, Nr. 5.7.

2.6.3 Abweichende rechtliche Interpretation des Stoffbegriffs für Reaktionsgemische durch die EG-Kommission

2.6.3.1 Reaktionsgemische als Stoffe im Sinne des Art. 3 Ziff. 1

Abweichend von der durch den Wortlaut des Art. 6 Abs. 1 i.V.m. Art. 3 Ziff. 1 und 2 vorgegebenen Interpretation für die hergestellten Reaktionsgemische sieht die EG-Kommission ein durch chemische Reaktion entstandenes Reaktionsgemisch[101] als einen Stoff im Sinne des Art. 3 Ziff. 1 an und nicht als Zubereitung im Sinne des Art. 3 Ziff. 2. Außerdem verengt die EG-Kommission in ihrer Interpretation den Begriff der Zubereitung auf Gemische, die durch absichtlich durchgeführte Mischungen von zwei oder drei Stoffen, die nicht chemisch reagieren, hergestellt werden, und sieht durch chemische Reaktionen hergestellte Stoffgemische nicht als Zubereitung an. Als Zubereitungen sollen nur Mischungen von zwei oder mehr Stoffen angesehen werden.[102]

Aufgrund ihrer rechtlichen Anwendung des Stoffbegriffs im Sinne des Art. 3 Ziff. 1 auf Reaktionsgemische führt die EG-Kommission erstmalig zur Anwendung der REACH-VO für durch chemische Herstellungsverfahren gewonnene Stoffmischungen mit mehreren Stoffbestandteilen die Begriffe „Mono-Constituent-" und „Multi-Constituent-Substances" ein.[103]

Die ECHA unterscheidet zwischen gut definierten Stoffen mit ihren Stoffbestandteilen und Stoffen mit nicht ausreichend identifizierten Stoffbestandteilen, den UVCB-Stoffen.

2.6.3.2 Stoffe mit mehreren gewollten Stoffbestandteilen – „Mono-" und „Multi-Constituent-Substances" nach der Stoffinterpretation der ECHA

Stoffe mit einer Hauptkomponente, die aus einem Hauptstoff mit einem Mengenanteil von $\geq$ 80 % und anderen Stoffen mit einem Massenanteil von insgesamt weniger als 20 % bestehen und deren Zusammensetzung *bewusst* von dem Hersteller gewählt worden ist, werden als *„Mono-Constituent-Substance"* bezeichnet. Diese werden nach der Hauptkomponente durch deren chemischen Namen, deren CAS-Nummer, deren EINECS-Nummer etc. identifiziert. Die typischen

101 Von der ECHA in der Leitlinie "Guidance for identification and naming of Substances under REACH, June 2007, Abschnitt 4.2.2, S. 25 mit "reaction mass of ... (names of the main constituents)" bezeichnet.

102 Wie zuvor, S. 24, Fn. 8.

103 S. Guidance for Substance identification and naming in REACH, Abschnitt 4.1 und 4.2.

Stoffkonzentrationen und die niedrigsten und höchsten Konzentrationsbereiche der übrigen einzelnen Stoffe sind bei der Registrierung anzugeben.

Stoffgemische, die *bestimmungsgemäß* als Ergebnis des chemischen Herstellungsprozesses aus mehreren Stoffen bestehen, werden als *Multi-Constituent-Stoffe* bezeichnet und als Stoffe im Sinne des Art. 3 Ziff. 1 behandelt. Die Reaktionsgemische aus mehreren eingesetzten definierten Reaktionsstoffen sollen als Gesamtstoff angesehen werden, wenn der Massenanteil eines jeden Stoffes von ≥ 10 % w/w bis unter 80 % w/w liegt. Der Gesamtstoff wird durch alle Stoffe identifiziert. Dabei sind die Stoffe, die unter 10 % Massenkonzentration liegen, als Verunreinigungen anzusehen und gehen nicht in die Stoffbestimmung ein, obwohl sie gewollt bei der Herstellung des Stoffes entstanden sind.

Die Eingruppierung der hauptsächlichen, die Stoffverbindung identifizierenden Stoffe in der Stoffverbindung sind in dem „Guidance for Substance identification and naming in REACH“, Abschnitt 4.1 und 4.2 aufgelistet.

2.6.3.3 UVCB-Stoffe

Von den gut definierten Stoffen und ihren Stoffbestandteilen sind zu unterscheiden die UVCB-Stoffe (Substances of unknown or variable composition, complex reaction products or biological materials). Die UVCB-Stoffe können nicht ausreichend durch ihre chemische Zusammensetzung bestimmt werden, weil

- die Anzahl der einzelnen Inhaltsstoffe verhältnismäßig groß ist und/oder
- die Zusammensetzung des UVCB-Stoffes zu einem bedeutsamen Teil unbekannt ist und/oder
- die Zusammensetzung der Stoffverbindung sehr variiert und schwer vorauszusehen ist.

Die UVCB-Stoffe liegen im Grenzbereich zu Zubereitungen, die aus einer Vielzahl von Stoffen bestehen und deren chemische Identifizierung schwer durchzuführen ist. Dem Unternehmen, das eine Identifizierung seines Produktes als UVCB-Stoff oder als Zubereitung mit einer Vielzahl von Stoffen mit oft unbekannter Identifikation und Konzentration als deren Bestandteil vorzunehmen hat, wird in dem EG-Kommissionspapier CA/24/2008 rev. 2, S. 9, ein gewisses Wahlrecht in der Entscheidung zugestanden, welchen Einstufungsweg es gehen will.

Weiterhin können die Unternehmen, die Stoffe nicht als Polymere bestimmen können und bei denen die Identifizierung der Monomereinheiten nicht möglich ist, diese Stoffmischungen als UVCB-Stoffe einstufen.

2.6.3.4 Registrierung der drei Stoffarten nach dem ECHA-Konzept

Mono-Constituent-, Multi-Constituent-Stoffe und UVCB-Stoffe sind als „Stoffe als solche“ im Sinne des Art. 6 Abs. 1 zu registrieren.

Bei der Registrierung der Multi-Constituent-Stoffe sind jedoch alle Stoffe mit einem Massenanteil $\geq$ 10 % in der Stoffmischung als Bestandteile des Gesamtstoffes zu identifizieren und mit ihren Massenanteilen bei der Registrierung anzugeben.

Die singulären Stoffe in den Multi-Constituent-Stoffen können nach der Auffassung der ECHA grundsätzlich nicht anstelle des Multi-Constituent-Stoffes als Gesamtheit registriert werden.

Nur in begründeten Fällen sollen nach der Leitlinie „Guidance for identification and naming of Substances under REACH“ Ausnahmen von den Behörden akzeptiert werden können. Anstelle der Reaktionsmischung sollen als Abweichung vom Regelfall die einzelnen Stoffe in der Mischung registriert werden können, wenn

- hierdurch kein Informationsverlust eintritt,
- Stoffdaten von ausreichendem Umfang für die Stoffe in der Mischung vorliegen, so dass nicht mehr Tierversuche als bei der Registrierung der Reaktionsmischung als Gesamtheit durchgeführt werden müssen,
- die Registrierung der Einzelsubstanzen insgesamt im Vergleich zu der Registrierung der Reaktionsmischung im Ergebnis effizienter ist, insbesondere wenn dadurch die Registrierung zahlreicher Reaktionsmischungen vermieden werden kann, die aus den selben Stoffbestandteilen bestehen,
- Informationen über die Zusammensetzung der Reaktionsmischung im Einzelfall bekannt sind.[104]

Die in der Leitlinie formulierten Ausnahmemöglichkeiten zur Standardregelung der Registrierung der Reaktionsmischung sind so gefasst, dass eine Registrierung der Einzelstoffe bei der Registrierung zu begründen ist. Nach den in der Leitlinie aufgelisteten Ausnahmegründen ist davon auszugehen, dass eine ausnahmsweise zugelassene Registrierung der Einzelstoffe in der Reaktionsmischung nur dann von der Registrierungsbehörde anerkannt wird, wenn diese Ausnahme in einer Gegenüberstellung der von dem Registranten durchgeführten Registrierung der Einzelstoffe im Vergleich zu der Registrierung des Reak-

104 Vgl. Guidance for Substance identification and naming in REACH, Abschnitt 4.2, S. 22 und 4.2.2.4, S. 26.

tionsgemisches als der vorteilhaftere Weg nachgewiesen wird. Damit wird dem Registranten das nach dem bisherigen Chemikalienrecht bestehende Wahlrecht, wie er eine Registrierung durchführen will, genommen. Das Registrierungsverfahren wird durch die neue Regelung der Leitlinie inflexibel.

Das neue Stoff-Konzept der ECHA hat gravierende Konsequenzen für die Praxis:

Werden Multi-Constituent-Stoffe aus den selben Stoffen, jedoch mit wesentlichen unterschiedlichen Massenanteilen an dem Gesamtstoff durch chemische Reaktionen hergestellt, so folgt aus dem neuen ECHA-Stoffkonzept, dass verschiedene Multi-Constituent-Stoffe mit anderer Stoffidentität vorliegen, die gesondert zu registrieren sind.

Dies hat auch zur Konsequenz, dass ein nachgeschalteter Anwender, der die Massenanteile der einzelnen Inhaltsstoffe in dem Multi-Constituent-Stoff in seinem Weiterverarbeitungsprozess durch Trennung und Mischung wesentlich verändert, wie beispielsweise die ihm gelieferte Reaktionsmischung mit 20 % w/w A-Stoff, 40 % w/w B-Stoff und 20 % w/w C-Stoff in eine Stoffmischung mit Massenanteilen von 30 % w/w A-Stoff, 20 % w/w B-Stoff und 30 % w/w C-Stoff verändert, sich nicht mehr auf die Registrierung des Herstellers für den gelieferten Multi-Constituent-Stoff berufen kann. Der nachgeschaltete Anwender des Multi-Constituent-Stoffes, der durch physikalische Trennungsverfahren die einzelnen Stoffe aus dem Multi-Constituent-Stoff gewinnt und eine Stoffmischung mit anderen Massenanteilen der Stoffbestandteile der Mischung herstellt als diejenige in dem Multi-Constituent-Stoff, stellt eine Zubereitung her, der keine chemische Reaktion der Mischung zugrundeliegt. Da die neue Zubereitung durch Mischung und nicht durch eine chemische Reaktion hergestellt wird, ist der nachgeschaltete Anwender in diesem Beispielsfall kein „Hersteller“ im Sinne des Art. 6 Abs. 1 i.V.m. Art. 3 Ziff. 1.

Damit unterscheiden sich die Stoffmischungen mit den Stoffbestandteilen A, B und C nur durch die Verfahren ihrer Herstellung (chemische Reaktion und Mischen der Stoffe) und werden danach unterschiedlich als „Stoff“ oder „Zubereitung“ eingestuft.

Beim Inverkehrbringen der Zubereitung hat der nachgeschaltete Anwender die Registrierungsnummer der singulären Stoffe in der hergestellten Zubereitung anzugeben. Kann er diese nicht angeben, da er von seinem Lieferanten des Reaktionsgemisches als Stoff im Sinne des Art. 3 Ziff. 1 nur die Registrierungsnummer für das Reaktionsgemisch erhält, so unterliegt er dennoch nicht dem

Verbot des Inverkehrbringens des Art. 5, da dieses sich nur auf registrierungspflichtige Hersteller und Importeure bezieht.[105]

Diese Konsequenzen aus dem neuen ECHA-Stoffkonzept führen insbesondere bei Veränderung der Reaktionsgemische in der Lieferkette zu Informationsdefiziten bei den nachgeschalteten Anwendern. Die Neueinführung des Multi-Constituent-Stoffkonzeptes durch die ECHA hat somit Nachteile für die Hersteller und nachgeschalteten Anwender, die für die Vermarktung der hergestellten Reaktionsgemische abträglich sind.

Eine zweite Konsequenz des Konzeptes der Behandlung der Reaktionsgemische als registrierungspflichtiger Multi-Constituent-Stoff ist, dass nach der Auffassung der ECHA die Gesamtmenge der Stoffe in der Reaktionsmischung in die Berechnung der Mengenschwellen eingehen soll und nicht die Mengen der Einzelstoffe in der jeweiligen Stoffmischung. Dieses soll selbst dann gelten, wenn dem Registranten die Registrierung der Einzelstoffe in der Reaktionsmischung durch die ECHA im Ausnahmefall zugestanden wird.[106]

Damit werden vor allem die EU-ansässigen Hersteller der Reaktionsgemische gegenüber den ausländischen Herstellern und deren Importeuren benachteiligt, die Stoffgemische einführen, bei denen sie nach Art. 6 Abs. 1 die Stoffe in den eingeführten Zubereitungen zu registrieren haben und die Mengenschwellen im Sinne des Art. 12 sich aus den einzelnen importierten Stoffen in den Zubereitungen berechnen.

2.6.4 Die gegensätzliche Rechtsauffassung des BDI und VCI

Das neue ECHA-Stoffkonzept zu den Multi-Constituent-Stoffen hat angesichts dieser Nachteile für die Praxis Widerspruch seitens des Bundesverbandes der Deutschen Industrie (BDI) und des Verbandes der Chemischen Industrie (VCI) erfahren.

In Positionspapieren[107] und Veröffentlichungen haben Autoren aus diesen Industrieverbänden[108] darauf hingewiesen, dass das neue Stoffkonzept der

---

105 Im Ergebnis ebenso von Hahn, in: Fluck/Fischer/von Hahn, (Hrsg.), REACH + Stoffrecht, Rn. 20 zu Art. 5 REACH, Fn. 89.

106 S. Guidance for identification and naming of Substances under REACH, Abschnitt 4.2.2.4, S. 27.

107 BDI/VCI, Positionspapier vom 16.12.2008, Evolutions of the Legal Interpretation of the Terms Substance and Preparation in the letter from EU-Commission delegrated to ECHA dated 19 November 2008, veröffentlicht auf der Homepage des VCI, www.vci.de.

108 Fink/Hanschmidt/Lulei, REACH: About the Naming and the Identification of Substances, in: StoffR 2008, S. 126 ff. Die deutsche Fassung des Beitrags ist unter www.lexxion.de/stoffr ebenfalls erhältlich.

ECHA in der Leitlinie „Guidance for identification and namening of Substances under REACH“ entgegen der Auffassung der EG-Kommission eine Abkehr von dem bisherigen Chemikalienrecht der EG bedeute und von den gesetzlichen Vorschriften der REACH-VO abweiche. Die Generaldirektionen „Umwelt und Unternehmen“ und „Industrie“ haben zuvor in einem Schreiben vom 19.11.2008 mit dem Titel „Legal Interpretation of the Terms Substances and Preparation“ das neue Konzept damit verteidigt, dass dieses als Fortsetzung des bisherigen EU-Chemikalienrechts zu werten sei. Entgegen der Auffassung der Generaldirektionen der Kommissionen ließen die bisherigen chemikalienrechtlichen Regelungen jedoch eine Wahlfreiheit der Anmeldepflichtigen zu, entweder das Reaktionsgemisch als einheitlichen Stoff oder die einzelnen chemischen Verbindungen in den Stoffmischungen anzumelden:

In der Regelung der EG zur Meldung der Stoffe in das Altstoffinventar[109] ist ausdrücklich gesagt, dass die durch chemische Reaktion entstandenen Stoffmischungen (Reaktionsgemische) entweder mit den Einsatzstoffen oder auch getrennt mit den singulären Stoffverbindungen in den Gemischen zum Altstoffinventar EINECS gemeldet werden können.

Auch die in dem Manual of Decisions[110] veröffentliche Übereinkunft der Mitgliedstaaten zur European List of Notified Chemical Substances (ELINCS) schloss die Möglichkeit der Anmeldepflichtigen nicht aus, die einzelnen Stoffe in den durch chemische Reaktionen gewonnenen Stoffgemischen anstelle des Reaktionsgemisches als Ganzes anzumelden und im ELINCS zu listen. Es werden dort Reaktionsgemische, die typischerweise Isomere oder chemisch und physikalisch sehr ähnliche Verbindungen mit gleicher Summenformel, aber leicht unterschiedlicher Struktur sind, in den Zubereitungen gegenübergestellt. Für Isomere und ähnliche Verbindungen besteht in der Tat kein Grund, die Einsatzstoffe, aus denen diese gebildet werden, zu registrieren. Das Manual of Decisions schloss aber die bis dahin bestehende Möglichkeit nicht aus, die einzelnen Verbindungen in den Reaktionsgemischen, die keine Isomere oder ähnliche Verbindungen sind, anstelle des Reaktionsgemisches als Einzelstoffe in den Mischungen anzumelden.

109 Constructing EINECS: Basic document, Reporting for the EINECS Inventory, 1982, ISBN-92-825-2463-9, 92-825-2459-O: Commission of the European Communities.

110 Manual of Decisions for Implementation of the sixth and seventh Amendments to Directive 67/548/EEC on Dangerous Substances (Directives 79/831/EEC and 92/32/EEC), non-confidental version, July 2006, S. 53.

2.6.5 Zur rechtlichen Verbindlichkeit der ECHA-Leitlinien

Die von der ECHA im Rahmen des REACH Implementation Projects (RIPs) veröffentlichten Leitlinien zur Einführung und Umsetzung der REACH-VO („Guidances for the implementation of REACH") sind rechtlich nicht verbindlich[111] und sollen den Rechtsanwendern Hilfestellung und Auslegungshilfe bei der Anwendung der REACH-VO geben.

Sie haben gleichwohl eine orientierende Wirkung für die Praxis und werden aufgrund der Beteiligung der Mitgliedstaaten und industrieller und nicht staatlicher Organisationen bei der Erstellung der Leitlinien-Dokumente die Auslegung der REACH-VO wesentlich prägen.

Den Stellenwert der RIP-Leitlinien kennzeichnet die ECHA in der jeweiligen „Legal Notice" der Leitlinien-Dokumente damit, dass der Anwender sich dessen bewusst sein sollte, dass die REACH-VO die einzige authentische Rechtsgrundlage ist und das Leitliniendokument keinen rechtlichen Rat zur Rechtsanwendung enthalte. Auf ihrer Internetseite[112] führt die ECHA aus, dass die Leitlinien ergänzende Informationen zum Gesetzestext liefern würden und empfiehlt den Unternehmen, die Leitlinien-Dokumente als vorrangige Informationsquelle bei der Anwendung der REACH-VO zu nutzen.

2.7 Die Anwendung der Registrierungsvorschriften der REACH-VO nach Art. 6 auf die Einfuhr von Kunststoffsekundärrohstoffen und -produkten von außerhalb der EU

2.7.1 Überblick über die Registrierungsvorschriften für die Einfuhr von Stoffen

Nach Art. 6 Abs. 1 hat der Importeur eines Stoffes als solchen oder in einer Zubereitung in einer Menge von mindestens 1 t/a den Stoff zu registrieren. Die Befreiungsvorschrift des Art. 2 Abs. 9 für Polymere gilt auch für diese Einfuhren.

Werden von einer juristischen oder natürlichen Person mit Sitz in der Gemeinschaft Polymere eingeführt, d. h. gemäß der Begriffsbestimmung für die Ein-

---

111 S. hierzu im Einzelnen Lulei, REACH: Zu den Leitlinien der Europäischen Agentur für chemische Stoffe (ECHA), in: Bundesgesundheitsblatt – Gesundheitsförderung – Gesundheitsschutz, 2008, S. 1444; Weinmann/Thomas/Klein, Gefahrstoffrecht und Chemikaliensicherheit, Teil 3, Hinweise und Anmerkungen zur REACH-Verordnung, Abschnitt 7.

112 http.//echa.europa.eu/reach_de.asp (Stand: 19.8.2008/letzte Änderung der Seite durch die ECHA: 22.4.2008).

fuhr des Art. 3 Ziff. 10 physisch in das Zollgebiet der Gemeinschaft verbracht, so sind Einfuhren der Polymere nicht zu registrieren.

Für die ersatzweise Registrierung der Monomerstoffe und anderen Stoffe in Form von Monomereinheiten und chemisch gebundene Stoffe in den angeführten Polymeren ist vergleichbar wie bei der Herstellung der Polymere Art. 6 Abs. 3 heranzuziehen. Hiernach sind die Monomerstoffe und anderen Stoffe in den Monomeren bei der Einfuhr der Polymere zu registrieren, wenn die Voraussetzungen des Art. 6 Abs. 3 vorliegen, insbesondere die Monomerstoffe und anderen Stoffe „noch nicht von einem vorgeschalteten Akteur der Lieferkette registriert wurden."

Die tatbestandliche Voraussetzung für die Registrierung der Monomerstoffe und der anderen Stoffe in den Polymeren bei dem Import von Polymeren ist hiernach nicht lediglich, dass die molekularen Ausgangsstoffe und die anderen Stoffe in den Polymeren nicht oder noch nicht registriert worden sind, sondern eine solche Nichtregistrierung noch nicht von einem „vorgeschalteten Akteur der Lieferkette" vorgenommen wurde, eine Registrierung von dem vorgeschalteten Akteur in der Lieferkette jedoch vorgenommen werden mußte.

„Akteure der Lieferkette" sind nach Art. 3 Ziff. 17 alle Hersteller und/oder Importeure und/oder nachgeschaltete Anwender in der Lieferkette.

Führt hiernach ein Unternehmen einen Polymerstoff in die EU ein, so ist es ein Akteur in der Lieferkette. Die Lieferkette in der EU beginnt mit der Einfuhr und setzt sich fort über alle Verwender des Importstoffes (nachgeschalteter Anwender) bis zu dem Weiter- und Endverarbeiter des Stoffes in Produkte.

Der Importeur des Polymers selbst ist weder ein vorgeschalteter Akteur in der Lieferkette noch ein nachgeschalteter Anwender. In Art. 3 Ziff. 13 ist begrifflich ausdrücklich klargestellt, dass Importeure keine nachgeschalteten Anwender sind. Somit können die außerhalb der EU ansässigen Hersteller und Lieferanten des Importstoffes auch keine vorgeschalteten Anwender sein. Die Hersteller oder Händler der Polymerstoffe außerhalb der EU, die das Polymer in die EU exportieren, sind nicht Teil der Lieferkette im Sinne der REACH-VO, deren Akteure einen Sitz in der Gemeinschaft, also in dem Geltungsbereich der REACH-VO haben müssen. Werden hiernach Polymere von einem Einführer verantwortlich in die Gemeinschaft im Sinne des Art. 3 Ziff. 10 eingeführt, fehlt es an einem vorgeschalteten Akteur in der Lieferkette im Sinne des Art. 6 Abs. 3. Wegen des Fehlens der tatsächlichen Voraussetzungen des Art. 6 Abs. 3 der „Noch-nicht-Vornahme der Registrierung der Monomerstoffe und anderen Stoffe in den Polymeren für einen vorgeschalteten Anwender" findet Art. 6 Abs. 3 keine Anwendung in dem Sinne, dass anstelle der befreiten Polymere die Monomerstoffe und die anderen Stoffe in den Polymeren bei der Einfuhr zu registrieren sind.

Der Anwendungsbereich des Art. 6 Abs. 3 in Bezug auf die Registrierung der Monomerstoffe und der anderen Stoffe in den Polymeren anstelle der Polymere kann somit nur Anwendung finden auf die Sonderfälle, in denen vorgeschaltete Akteure in der Lieferkette vor dem Importeur in Betracht zu ziehen sind. Dies ist in den beiden in der REACH-VO geregelten Sonderfällen der Fall:

a) Wird die Registrierung der Einfuhr eines Stoffes durch einen Alleinvertreter eines nicht in der Gemeinschaft ansässigen Herstellers gemäß Art. 8 vorgenommen, sind die Importeure der selben Lieferkette, die der nicht in der Gemeinschaft ansässige Hersteller über die Bestellung seines Alleinvertreters in Kenntnis gesetzt hat, nachgeschaltete Anwender (Art. 8 Abs. 3) und in Bezug auf diese ist der Alleinvertreter der „vorgeschaltete Anwender".
b) Eine zweite Sonderregelung bilden die Reimporte im Sinne des Art. 2 Abs. 7 lit. c). Bei diesen beginnt die Lieferkette mit der Ausfuhr eines Stoffes aus der Gemeinschaft und setzt sich mit der Einfuhr des selben Stoffes durch das ausführende Unternehmen oder ein anderes einführendes Unternehmen in die Gemeinschaft fort.

   Beide Sonderfälle zur Lieferkette sind hier nicht in Betracht zu ziehen.
c) Als weiteren Fall der (möglichen) Registrierung des Monomerstoffes und der anderen Stoffe in den Polymeren wird in der Leitlinie der ECHA „Guidance for monomers and polymeres"[113] angeführt:

   Der Monomerstoff und die anderen in dem Polymer eingebundenen Stoffe sind in der Gemeinschaft hergestellt worden und an einen Hersteller von Polymeren außerhalb der Gemeinschaft geliefert worden. Von diesem Polymerhersteller außerhalb der EU wird der Importeur des Polymers beliefert.

Nach dieser Leitlinie soll der Hersteller des Monomers und der anderen Stoffe in der EU vorgeschalteter Akteur in der Lieferkette sein, weil er für die Herstellung des Monomers und der anderen Stoffe in der EU registrierungspflichtig war. Da die Lieferkette jedoch durch die Ausfuhr außerhalb der Gemeinschaft und die Herstellung des Polymers außerhalb der EU unterbrochen worden ist und auch von dem Einführer des Polymers in die EU nicht nachverfolgt werden kann, ist die Anwendung dieser Fallgestaltung auf Art. 6 Abs. 3 zweifelhaft. In jedem Fall findet Art. 6 Abs. 3 in Bezug auf die Einfuhr von Kunststoffrecyclingrohstoffen

113 S. dort 3.2.1.1., 2. Spiegelstrich.

keine Anwendung, weil die Lieferkette außerhalb der EU durch eine außerhalb der EU vorgenommene Kunststoffabfallverwertung unterbrochen worden ist.

2.7.2 Zu den Registrierungspflichten für die Einfuhr von Kunststoffsekundärrohstoffen und -produkten

Werden aus Kunststoffabfällen außerhalb der Gemeinschaft gewonnene Kunststoffsekundärstoffe und -produkte eingeführt, die dem Abfallbegriff unterliegen, so sind diese Einfuhren nach Art. 2 Abs. 2 nicht registrierungspflichtig. Dieses gilt vor allem für verunreinigte Kunststoffgemische oder Gemische aus Kunststoffen und anderen Stoffen, die zu ihrer Verarbeitung noch (weiter) aufbereitet werden müssen.

Werden andererseits polymere Kunststoffsekundärrohstoffe eingeführt, die vergleichbar den originären Kunststoffpolymeren ohne weitere Bearbeitung oder Aufbereitung bei der Weiterverarbeitung zu Kunststofferzeugnissen eingesetzt werden, so ist die an sich registrierungspflichtige Einfuhr nach Art. 2 Abs. 9 von der Registrierungspflicht befreit.

Werden dagegen Monomerstoffe und andere Basisstoffe aus Kunststoffpolymeren in Kunststoffabfällen, die durch chemische Recyclingverfahren außerhalb der Gemeinschaft gewonnen wurden, eingeführt, so ist die Einfuhr dieser Stoffe wie die der vergleichbaren chemischen Stoffe als solche oder in Zubereitungen von dem Einführer zu registrieren.

3. Zur Vorregistrierung der Sekundärrohstoffe durch die Kunststoffrecycler

3.1 Vorregistrierung zur Nutzung der verlängerten Fristen nach Art. 23

Die REACH-VO räumt den „potenziellen Registranten“ die Option ein, durch eine Vorregistrierung nach Art. 28 die ab 1.6.2008 wirksame Registrierungspflicht für ihre hergestellten und importierten Phase-in-Stoffe je nach dem Risikopotenzial und dem Erreichen von Mengenschwellen bis zum 1.12.2010, 1.6.2013 bzw. 1.6.2018 nach Maßgabe des Art. 23 zeitlich aufzuschieben. „Potenzielle Registranten“ sind bereits während der Vorregistrierungsfrist vom 1.6.2008 bis einschließlich 1.12.2008 registrierungspflichtige Hersteller oder Importeure von Phase-in-Stoffen nach Art. 6 Abs. 1 wie auch zukünftige Registrierungspflichtige, die nach dem 1.12.2008 erstmalig Phase-in-Stoffe herstellen oder einführen.[114] Nach einer Mitteilung der ECHA[115] haben EU-weit fast 66.000 Unternehmen mehr als 2,2 Mio. Vorregistrierungen bei der ECHA vorgenommen. Dabei sind über 100.000 Stoffe vorregistriert worden. Die nicht erwartete hohe Anzahl erklärt sich daraus, dass viele Unternehmen alle benötigten Stoffe unabhängig davon, ob sie diese jetzt oder in Zukunft in der Lieferkette beziehen können, zur Vorregistrierung gemeldet haben, um sicherzugehen, dass sie in Zukunft über diese Stoffe verfügen können. Die ECHA hat inzwischen[116] die Liste der vorregistrierten Stoffe auf ihrer Webseite veröffentlicht.

Aufgrund von Verbandsempfehlungen haben viele Recyclingunternehmen ihre Recyclingsekundärrohstoffe, die nach geltendem Abfallrecht als Abfälle einzustufen sind, im Hinblick auf deren Ausnahme nach Art. 2 Ziff. 2 in der REACH-Regulierung nicht vorregistriert.

Die Verbände der Entsorgungswirtschaft BDE und bvse haben demgegenüber ihren Verbandsmitgliedern empfohlen, die Monomere und Ausgangsstoffe für die Kunststoffpolymere, die die Unternehmen durch Recyclingverfahren gewinnen, vorzuregistrieren.

Der rechtliche Rahmen und die Abwägungsgründe für die Entscheidungen der Recyclingunternehmen sollen nachstehend dargestellt werden.

3.2 Zur Notwendigkeit der Vorregistrierung bei werkstofflichen und chemischen Recyclingverfahren

Im Hinblick darauf, dass die Kunststoffabfallmaterialien recycelnden Unternehmen hinsichtlich der durch *werkstoffliche Recyclingverfahren* gewonnenen Kunststoffsekundärrohstoffe nicht registrierungspflichtig sind,[117] bestand für sie aus rechtlicher Sicht keine Notwendigkeit, eine Vorregistrierung der durch dieses Recyclingverfahren gewonnenen Kunststoffsekundärrohstoffe gemäß Art. 28 Abs. 1 vorzunehmen.

Anders stellt sich die Rechtslage hinsichtlich der durch *chemische Recyclingverfahren* gewonnenen molekularen Bausteine und Ausgangsstoffe der Polymere

---

114 Zur Vorregistrierung: s. ECHA-Website http://echa.europa.eu; Fink/Hanschmidt/Lulei, REACH: Die Bedeutung der Vorregistrierung, StoffR 2007, S. 152; Kitzinger, Zur Vornahme vorsorglicher Vorregistrierungen nach Art. 28 REACH-Verordnung für Stoffe in Sekundärrohstoffen und Recyclingprodukten, StoffR 2008, 143; Ziegler, Das Rechtsinstitut der Vorregistrierung unter der REACH-Verordnung, StoffR 2008, 319.

115 EUWID-Re, Nr. 50 vom 9.12.2008 .

116 http://apps.echa.europa.eu/preregistered/pre-registered-sub.aspx; #whatisthislistheader.

117 Vgl. im Einzelnen oben unter Teil V, 2.5.

dar. Bei diesen handelt es sich um hergestellte, registrierungspflichtige chemische Stoffe, die wie die originären chemischen Stoffe, aus denen die Polymere hergestellt werden, nach Art. 6 Abs. 1 zu registrieren sind. In Bezug auf diese Stoffe sind die Recyclingunternehmen rechtlich gehalten, eine Vorregistrierung nach Art. 28 vorzunehmen, um die Vorteile einer Inanspruchnahme der in Art. 23 vorgesehenen Übergangsregelungen mit den zeitlich aufgeschobenen Registrierungsfristen in Anspruch nehmen zu können.

3.3 Gründe für die vorsorgliche Vorregistrierung

Unabhängig von dieser rechtlichen Beurteilung stellte sich für die Unternehmen jedoch die Frage, ob sie im Hinblick auf die möglichen Rechtsänderungen durch die Fortentwicklungen der REACH-VO, ggf. durch eine sich bildende neue Vollzugspraxis zur Anwendung der REACH-VO sowie durch die sich abzeichnende Rechtsänderung zum Inhalt des Abfallbegriffs durch das in Art. 6 AbfRRL eingeführte Abfallende nicht *vorsorglich* eine Vorregistrierung hinsichtlich der möglicherweise in Zukunft von den Registrierungspflichten der REACH-VO erfassten Kunststoffsekundärrohstoffe vornehmen sollten.

Wie ausgeführt,[118] ist die jetzige umfassende Ausnahme der Polymere von den Registrierungsvorschriften nach Art. 2 Abs. 9 nur als vorübergehendes Recht anzusehen. Bestimmte mit Risiken belastete Polymertypen können auf der Rechtsgrundlage des Art. 38 Abs. 2 in Zukunft der Registrierungspflicht für Stoffe unterworfen werden.

Es besteht auch das allgemeine Risiko für die betroffenen Unternehmen, dass zur Zeit noch offene Auslegungsfragen zu einzelnen Vorschriften der REACH-VO in einer heute noch nicht abgeschlossenen Vollzugspraxis durch die ECHA und durch die Mitgliedstaaten in Zukunft nachteilhaft für die Unternehmen dahingehend behandelt werden, dass die Ausnahmeregelungen zu den Registrierungspflichten einengend interpretiert werden. Selbst wenn eine für die Unternehmen nachteilhafte Behördenpraxis letztendlich vor den europäischen Gerichten keinen Bestand haben sollte, dürfte der verwaltungsmäßige und finanzielle Aufwand für die Unternehmen bei ihrer Rechtsverfolgung erheblich sein, sich gegenüber einer behördlichen Praxis durchzusetzen.

Eine weitere erhebliche Rechtsunsicherheit besteht wie dargelegt darin, dass zur Zeit nicht absehbar ist, welche rechtlichen Kriterien für ein Abfallende der

118 Vgl. vorstehend unter V, 2.3.1.

Recyclingsekundärrohstoffe und -produkte nach Art. 6 AbfRRL gelten werden und damit für die Unternehmen aus heutiger Sicht offen ist, ob ihre im Recyclingverfahren gewonnenen Sekundärrohstoffe und -produkte Abfall bleiben oder werden oder als chemikalienrechtliche Stoffe, Zubereitungen oder ggf. Erzeugnisse zu behandeln sind.

3.4 Vor- und Nachteile einer Vorregistrierung gemäß Art. 28 Abs. 1

In ihrer Entscheidung zu einer vorsorglichen Vorregistrierung hatten die Recyclingunternehmen die Vor- und Nachteile einer Vorregistrierung gegeneinander abzuwägen:

3.4.1 Vorteile der Vorregistrierung

Die fristgebundene, bis zum 1.12.2008 bestehende Möglichkeit einer Vorregistrierung besteht aus einer inhaltlich sehr beschränkten Mitteilung eines potenziellen Registranten an die Europäische Chemikalienagentur (ECHA). Die Vorregistrierung muss nur die in Art. 28 Abs. 1 aufgelisteten Angaben enthalten:

a) Name des Stoffes einschließlich der EINECS- oder CAS-Nr. oder, falls nicht verfügbar, anderer Identifizierungscodes,
b) Name und Anschrift des Vorregistrierenden und der Kontaktperson oder vertretenden Person (Stellvertreter in der Abgabe der Vorregistrierungsmitteilung),
c) Angabe der vorgesehenen Frist für die Registrierungen und des Mengenbereichs gemäß Art. 23,
d) soweit bekannt, Angaben zu Stoffen, die im Analogieverfahren oder hinsichtlich quantitativer oder qualitativer Struktur-Wirkungs-/Beziehungen heranzuziehen sind.

Weitere Angaben sind in der Mitteilung an die ECHA nicht aufzunehmen.

Die Vorregistrierung eines Phase-in-Stoffes ist für den Vorregistrierenden nicht in der Weise verbindlich, dass er später auch tatsächlich die Registrierung durchführt oder eine Registrierung des vorregistrierten Stoffes in dem mitgeteilten Mengenbereich durchführt. Die Vorregistrierung besteht in einer elektronischen Informationsmitteilung an die ECHA und ist gebührenfrei.

Damit ist die Vorregistrierung mit verhältnismäßig geringem Aufwand für den Vorregistrierenden verbunden.

3.4.2 Nachteile der Vorregistrierung

Neben dem Aufwand der Unternehmen für die Vorregistrierung hat die Vorregistrierung den wesentlichen Nachteil, dass der potenzielle Registrant mit der Vorregistrierung Teilnehmer eines Forums zum Austausch von Stoffinformationen für den vorregistrierten Stoff (SIEF) gemäß Art. 29 wird.[119] Durch die gesetzlich verordnete Teilnahme an diesem SIEF soll erreicht werden, dass seine Teilnehmer einen Austausch der vorhandenen Stoffinformationen und Prüfdaten zur Erstellung eines gemeinsamen Registrierungsdossiers vornehmen, Mehrfachprüfungen in Bezug auf den zu registrierenden Stoff vermieden werden und Einigkeit über die Einstufung und Kennzeichnung des betreffenden Stoffes erzielt wird, wenn über diese bei den Teilnehmern des SIEF abweichende Beurteilungen bestehen.

Die Teilnahme an einem SIEF für den betreffenden Stoff trägt auch die Gefahr in sich, dass vertrauliche oder als Geschäftsgeheimnisse zu hütende Informationen über den Stoff und seine Verwendung bei dem Informationsaustausch an die anderen Teilnehmer des SIEF abfließen können. Um dies zu vermeiden, können Schutz- und Abwehrmöglichkeiten gewählt werden, wie z. B. in der Einschaltung eines „Third Party Representative“ nach Art. 4, in der Beauftragung eines Trustees innerhalb eines Konsortiums vom SIEF, in dem Abschluss von Know-how- und Geheimhaltungsverträgen mit anderen Partnern des SIEF oder in einem möglichen Ausstieg aus dem SIEF durch ein „Opt-Out“ gemäß Art. 11 Abs. 3.

Die Kunststoffrecycler können sich in dem stoffbezogenen SIEF jedoch dahin einlassen, dass sie über keine Stoffinformationen und Informationen über die Verwendungsszenarien der Stoffe verfügen, die nicht schon bei den Herstellern der Originärstoffe vorliegen. Sie nehmen dann eine passive Teilnehmerrolle ein, mit der allenfalls nur geringe Kosten durch die Teilnahme an dem SIEF für sie entstehen.

3.4.3 Abwägung der Vor- und Nachteile der Vorregistrierung durch die Kunststoffrecyclingunternehmen

Für die Kunststoffrecyclingunternehmen kommt nach jetziger Rechtlage nur eine Vorregistrierung der Monomerstoffe und der anderen Stoffe, die die Polymere bilden, sowie der anderen Stoffe, die in den gewonnenen Kunststoffpoly-

119 Zu den SIEFs s. im Einzelnen Fluck, REACH: Die Foren zum Austausch von Stoffinformationen (SIEF) und die Zusammenarbeit mehrerer Verpflichteter bei (Vor-)Registrierung und Bewertung, StoffR 2007, 104.

mer- und Stoffmischungen enthalten sind (Addivstoffe), in Betracht, nicht jedoch eine Vorregistrierung der Kunststoffpolymere wegen ihres Ausschlusses von der Registrierungspflicht nach Art. 2 Abs. 9.

Nachteilhaft ist die große Anzahl dieser die Polymere bildenden Stoffe wie Monomerstoffe und anderen Stoffe in den Polymeren und der Polymerstoffmischungen. Wiederholen sich diese jedoch grundsätzlich für die Kunststoffe in den Kunststoffabfällen und werden die Monomerstoffe und die anderen Stoffe in den Polymeren in Zusammenarbeit aller Verbandsmitglieder ihres Wirtschaftsverbandes aufgrund der Informationen der Kunststoffhersteller erarbeitet bzw. zusammengestellt, können die Vorbereitungsarbeiten zur Bestandsaufnahme zur Vorbereitung der Vorregistrierung dieser Stoffe effizient gestaltet werden.

Eine Reduzierung des Aufwandes bei den einzelnen vorregistrierenden Unternehmen könnte weiterhin erreicht werden, indem diese einen Stellvertreter beauftragen, der für alle Unternehmen die Vorregistrierungen vornimmt. Dieser Vertreter würde in den Mitteilungen der Vorregistrierung durch die einzelnen Unternehmen zusätzlich zu dem Namen und der Kontaktperson des vorregistrierenden Unternehmens gemäß Art. 28 Abs. 1 lit. b) in der vorregistrierenden Mitteilung benannt werden. Selbstredend bleiben die Unternehmen, wie es Art. 4 für eine Stellvertretung im Registrierungsverfahren ausdrücklich vorsieht, für den Inhalt der Vorregistrierungen und die aus den Vorregistrierungen sich ergebenden Pflichten für die Unternehmen verantwortlich.

Die Beauftragung eines Vertreters für die Vorregistrierung müsste in einem privatrechtlichen Dienstvertrag oder Auftragsverhältnis erfolgen.

Die vorregistrierenden Unternehmen können sich in gleicher Weise wie bei der Vorregistrierung auch durch einen Vertreter in den SIEFs hinsichtlich ihres vorregistrierten Stoffes vertreten lassen und brauchen nicht selbst durch ihr Personal an den SIEFs teilnehmen.

Gegenüber einer Stellvertretung bei der Abgabe der Erklärungen für das vorregistrierende Unternehmen als Geschäftsherrn unterscheidet sich die Stellvertretung nach Art. 4 für Verfahren nach Art. 11 (gemeinsame Einreichung von Daten durch mehrere Registranten), nach Art. 19 (gemeinsame Einreichung von Daten über isolierte Zwischenprodukte durch mehrere Registranten), für die Verfahren nach Titel III (gemeinsame Nutzung von Daten und Vermeidung unnötiger Versuche) und nach Art. 53 (Kostenteilung bei Versuchen an Wirbeltieren) dahingehend, dass bei einer Stellvertretung in der Vorregistrierung und in dem SIEF die ECHA die Identität des Herstellers oder Importeurs oder nachgeschalteten Anwenders, der einen Vertreter benannt hat, den anderen Herstellern, Importeuren oder ggf. nachgeschalteten Anwendern in dem SIEF bekannt gibt. Demgegenüber gibt die ECHA bei einer Stellvertretung für die genannten Verfahren in Art. 4, als „Third Party Representative“ bezeichnet, die Identität des Herstellers, Importeurs oder nachgeschalteten Anwenders, der den Third Party Representative benannt hat, nicht den anderen Herstellern, Importeuren und nachgeschalteten Anwendern zur Kenntnis.

Kann zwischen Verbandsmitgliedern der Wirtschaftsverbände eine gemeinsame Erarbeitung des Bestandes der vorzuregistrierenden Monomerstoffe und der anderen Stoffe in den Kunststoffrecyclaten vereinbart werden und gelingt es, einen gemeinsamen Stellvertreter, der jeweils für das einzelne Unternehmen handelt und diesem verpflichtet ist, zu beauftragen, können die Vorregistrierungen und die Teilnahmen an den SIEFs für die einzelnen Recyclingunternehmen trotz der Vielzahl der vorzuregistrierenden Stoffe effizient gestaltet werden. Damit würde der personelle und finanzielle Aufwand für Vorregistrierungen und Teilnahmen an den SIEFs beschränkt werden. Die Nachteile der Durchführung der Vorregistrierung und der Teilnahme an den SIEFs würden so auf ein Minimum begrenzt werden. Angesichts der hierdurch erreichbaren sehr geringen Nachteile durch den Aufwand überwiegen die Vorteile der Vorregistrierung einer Aufschiebung der Registrierungspflichten und -fristen bei Weitem die Nachteile. Es ist deshalb seitens der Verfasser den Recyclingunternehmen empfohlen worden, hinsichtlich der für sie infrage kommenden Monomerstoffe und anderen Stoffen in den Kunststoffpolymeren fristgerecht bis zum 1.12.2008 Vorregistrierungen vorzunehmen.

4. Die chemikalienrechtliche Einstufung der durch werkstoffliche Recyclingverfahren gewonnenen Kunststoffrecyclate in Stoffe, Zubereitungen und Erzeugnisse

4.1 Typisierung der gewonnenen Kunststoffrecyclate

Die aus den Kunststoffabfällen recycelten Kunststoffe fallen nach dem werkstofflichen Recyclingprozess entweder als gut definierte Stoffe oder Stoffmischungen oder als Stoffe oder Stoffmischungen mit nicht ausreichend definierten Stoffbestandteilen an.

4.1.1 Gut definierte Stoffe und Stoffverbindungen

Durch werkstoffliches Recycling werden gewonnen:

a) sortenrein Kunststoffpolymere mit einem hohen Reinheitsgrad bis zu über 99 % – als Beispiele sind zu nennen das Recycling von Altfenster- und Pre-Consumer-PVC-Materialien durch die Tönsmeier Kunststoffe Gruppe (vgl. oben unter III., 5.1.1 und 5.1.2) und das Recycling von sortenreinem PET-Inputmaterial zu PET-Flakes der Veolia Umweltservice Wertstoffmanagement GmbH (vgl. oben unter III., 5.2),
b) Kunststoffpolymere mit einem Kunststoffpolymer ≥ 80 % w/w als Hauptsubstanz und Verunreinigungen bis zu 20 % w/w,
c) Kunststoffpolymere mit Zusatzstoffen (Additiven), die im Herstellungsverfahren zur Wahrung der Stabilität dem Kunststoffpolymer zugegeben werden,
d) Reaktionsmischungen, bestehend z. B. aus Kunststoffpolymeren und Polymerisomeren und ähnlichen Verbindungen, die im Herstellungsverfahren für die Kunststoffe durch chemische Reaktionen entstanden sind und in dieser Gestalt chemisch unverändert durch werkstoffliches Recyclingverfahren aus den Kunststoffabfallmaterialien gewonnen wurden. Nach der ECHA-Stoffdefinition zu Reaktionsgemischen handelt es sich um chemische Stoffe in der Gestalt der „Multi-Constituent-Substances“, nach diesseitiger Auffassung um Stoffmischungen, die durch chemische Reaktionen hergestellt wurden und zwei oder mehrere Kunststoffpolymere enthalten. Hierbei handelt es sich um Zubereitungen im Sinne des Art. 3 Ziff. 2.
e) Stoffmischungen, bestehend aus verschiedenen Kunststoffarten, die durch Mischungen des Recyclers im Recyclingverfahren entstanden sind (vgl. das Beispiel der Tönsmeier Kunststoffe Gruppe bei Kunststoff-Mischungen aus Pre-Consumer-PVC),
f) als Stoffmischungen, bestehend aus einem oder mehreren Kunststoffen und anderen Stoffen, wie z.B. nicht stabilisierenden Additiven, die im Recyclingverfahren von Verunreinigungen getrennt wurden.

4.1.2 Stoffe und Stoffmischungen mit nicht ausreichend definierten Stoffbestandteilen

Es handelt sich um UVCB-Stoffe und um Stoffmischungen mit nicht definierten Stoffbestandteilen. Die Recycler haben nach dem Vorschlag des EG-Kommissionspapiers CA/24/2008 das Wahlrecht, ihr Produkt entweder als UVCB-Stoff oder als Zubereitung mit einer Vielzahl von Stoffen mit oft unbekannter Identifikation und Konzentration einzustufen.[120]

4.2 Einstufung von recycelten Kunststoffmaterialien mit Fremdstoffen und Verunreinigungen aus dem Recyclingprozess

Recycelte Stoffe und Stoffmischungen enthalten eine Vielzahl von Fremdstoffen oder Verunreinigungen, die nicht durch den Herstellungsprozess der in die Abfallverwertung gegebenen Stoffe und Produkte entstanden sind, sondern aus den sonstigen Abfallstoffen in das Recyclingmaterial hineingetragen wurden. In Bezug auf die Recyclate handelt es sich um *von dem Recycler ungewollt* in den Recyclingprozess gelangte Fremdstoffe, selbst wenn diese Bestandteile der Zubereitungen in den Abfallmaterialien waren, da diese Fremdstoffe keine Funktion für die durch Recyclingverfahren gewonnenen Recyclate haben. Da diese Stoffe von dem Recycler nicht gewollt in die Recyclate gelangt sind, bietet es sich an, diese Fremdstoffe als Verunreinigungen der Recyclate anzusehen, wenn sie insgesamt einen Massenanteil von 20 % in dem Recyclat nicht überschreiten.[121] Besteht hiernach das Recyclat aus einem Kunststoffpolymer und liegen aus Sicht des Recyclers ungewollt Fremdstoffe oder Verunreinigungen von weniger als 20 % w/w vor, besteht das Recyclat aus einem Polymer. Die ungewollten Fremdstoffe oder Verunreinigungen von weniger als 20 % w/w sind unselbständige Teile des Polymers.

Da diese Stoffe mit einem Anteil von weniger als 20 % w/w in den Recyclingstoffen oft nicht oder nur mit erheblichem analytischen Aufwand zu ermitteln sind, sollten sie nicht als Einzelsubstanzen identifiziert werden müssen. Nach der heranzuziehenden 80:20 %-Regelung für Verunreinigungen sind die Fremdstoffe in den Recyclaten jedoch andererseits zu identifizieren und als eigenständige Stoffe neben den Recyclaten anzusehen, wenn sie als Einzelkomponenten oder insgesamt einen Anteil von 20 % w/w an dem Recyclat überschreiten. Abweichend von der 20 % w/w-Begrenzungsregelung sollten diese Fremdstoffe

120 DOC CA/24/2008, rev. 2 vom 29.10.2008, S. 9. Dabei hat die Einstufung als UVCB-Stoff den Vorteil, dass die Inhaltsstoffe nur in Bandbreiten anzugeben sind und nicht im Einzelnen identifiziert werden müssen. Sie hat den Nachteil, dass sich der Recycler nicht auf bereits registrierte Stoffe beziehen kann; vgl. ebenda Nr. 3.2, S. 16–17. Auch ist hierbei die Heranziehung der Gesamtmenge des UVCB-Stoffes bei der Berechnung der Mengenschwellen für die Registrierung von Nachteil.

121 So der Vorschlag der Mitgliedstaaten in dem Doc CA/24/2008, rev. 2, 3.1.2.1, S. 8. Anzumerken ist, dass diesem Vorschlag die Annahme zugrundeliegt, dass es sich bei dem Recyclingverfahren um ein „Herstellungsverfahren" im Sinne des Art. 6 Abs. 1 und Art. 3 Ziff. 1 handelt.

in den Recyclaten jedoch einzeln identifiziert werden, wenn sie besonders besorgniserregende Eigenschaften nach den Kriterien des Anhangs XIII haben.

Gelingt es in den Reinigungsstufen des Recyclingprozesses nicht, diese Stoffe aus dem Recyclingverfahren auszusondern, sollten die Recycler bei Vorliegen eines begründeten Verdachts, dass derartige Stoffe in dem Recyclingprodukt angefallen sind, versuchen, derartige besonders gefährliche Stoffe aus dem Recyclingprozess zu identifizieren, soweit ihr Anteil mehr als 0,1 Masseprozent (w/w) beträgt.

4.3 Zugabe von Stoffen (Additiven) zur Modifikation und Eigenschaftsverbesserung der recycelten Kunststoffe

Werden in dem Recyclingprozess Zuschlagstoffe zur Erreichung besserer Einsatzmöglichkeiten für das Recyclat oder zur Verbesserung z. B. der mechanischen Eigenschaften des Recyclates hinzugegeben (vgl. vorstehend unter III, 2.5 und 2.6), so liegen diese *bewusst* in den Recyclingprozess hinzugegebenen Additivstoffe neben den Kunststoffpolymeren in dem Recyclat vor. Diese Zusatzstoffe bilden zusammen mit dem gewonnenen Kunststoffpolymer chemikalienrechtliche Zubereitungen. Liegt deren Anteil unter 10 Masseprozent (w/w), sind sie als unselbstständige Bestandteile des Polymers anzusehen.

Werden die Zusatzstoffe jedoch zur *Stabilisierung* des gewonnenen Kunststoffpolymers oder einer Kunststoffpolymermischung *bewusst* in den Recyclingprozess eingeführt, sind sie gemäß der stofflichen Begriffsbestimmung des Art. 3 Ziff. 1 unselbständiger Teil des Kunststoffpolymers und auch der Polymermischung als Zubereitung. Auf einen Masseprozentsatz kommt es bei den Additiven zur Stabilisierung des Kunststoffpolymers nicht an.

4.4 Ergebnis: Einstufung der Kunststoffrecyclate

Unter Anwendung der vorstehend genannten Kriterien nach 4.2 bis 4.3 lassen sich die in 4.1 unter a)–f) genannten Kunststoffrecyclingstoffe und -produkte wie folgt einstufen:

a) Wird ein Kunststoffpolymer mit einem Reinheitsgrad > 80 % durch ein werkstoffliches Recyclingverfahren gewonnen, liegt ein Polymer vor, für das Art. 2 Abs. 9 als Befreiungsvorschrift für die Registrierungen zur Anwendung kommt.

Die Verunreinigungen in dem Kunststoffpolymer mit einem Anteil von ≤ 20 % sind gemäß Art. 3 Ziff. 1 unselbstständige Bestandteile des Polymerstoffes und unterliegen keiner gesonderten rechtlichen Betrachtung.

b) Werden Stoffmischungen gewonnen, die aus Polymeren verschiedener Kunststoffarten bestehen, liegen Polymer-Zubereitungen vor.
c) Werden Stoffmischungen gewonnen, die aus zwei oder mehreren Stoffen und Polymeren bestehen, liegen Zubereitungen vor.
d) Werden Polymere mit nicht oder schwer feststellbaren stofflichen Bestandteilen gewonnen, die nicht in die Polymermatrix eingebunden sind, lassen sich diese als UVCB-Stoffe einstufen.
e) Werden Polymer-/Stoffmischungen mit nicht identifizierbaren stofflichen Bestandteilen durch Recycling gewonnen, so können diese als UVCB-Stoffe eingestuft werden.

5. Identifizierung und Benennung der durch Recycling gewonnenen Kunststoffsekundärstoffe in dem (Vor-)Registrierungsverfahren

5.1 Gesetzliche und chemikalienrechtliche Anforderungen zur Angabe des Namens des Stoffes einschließlich der Identifizierungscodes nach Art. 28 Abs. 1 lit. a)

Nach Art. 28 Abs. 1 lit. a) sind die vorzuregistrierenden Stoffe zu identifizieren und mit Namen einschließlich der EINECS- und CAS-Nummer oder anderer Identifizierungscodes in der Mitteilung zur Vorregistrierung anzugeben.

Polymere in den Kunststoffrecyclaten sind wegen ihrer Befreiung von der Registrierungspflicht nach Art. 2 Abs. 9 nicht vorzuregistrieren. An ihrer Stelle sind die Monomere und anderen chemisch gebundenen Stoffe in den Kunststoffpolymeren der ECHA mitzuteilen.

Zusätzlich sind die sonstigen Stoffe in den Kunststoffsekundärrohstoffen nach den nachstehend genannten Grundsätzen zu benennen und in der Mitteilung an die ECHA anzugeben.

Es besteht für die Vorregistrierung der Grundsatz, dass zu den namentlich anzugebenden identifizierten Stoffen keine Angaben zur Zusammensetzung des identifizierten Stoffes zu machen sind.[122]

---

122 Vgl. Guidance on Pre-Registration and Data Sharing, September 2007, S. 24.

Bei der Identifikation und Angabe der Stoffnamen in der Vorregistrierung sind zu unterscheiden:

- durch ihre Komponenten definierte Stoffe („well defined substances") und
- undefinierte Stoffe (UVCB).

5.2 Angaben in der Vorregistrierung zu den definierten Stoffen[123]

5.2.1 Angaben zu den Monomerstoffen und anderen gebundenen Stoffen in den recycelten Kunststoffpolymeren

Polymere bestehen nach der Begriffsbestimmung des Art. 3 Ziff. 5, ergänzt durch die Angaben in Art. 6 Abs. 3 aus Makromolekülen, die aus Monomerstoffen und anderen gebundenen Stoffen in Form von Monomereinheiten gekennzeichnet sind, und aus anderen chemisch gebundenen Stoffen. Zusätzlich müssen die Vorgaben zu den Molekulargewichten bei den Polymeren nach Art. 3 Ziff. 5 lit. a) und b) eingehalten werden.

Monomerstoffe

Es kommt für die Vorregistrierung darauf an, die Monomerstoffe, aus denen die Polymere gebildet worden sind, zu identifizieren und namentlich zu benennen. Angaben zu den Molekulargewichten, die den Recyclern auch im Wesentlichen unbekannt sind, brauchen bei der Benennung der Monomerstoffe nicht gemacht zu werden.

Ein Überblick über die Monomerstoffe zu den wesentlichen technisch verwandten Polymeren ist vorstehend in Teil II, 3.5 gegeben. Die wesentlichen Kunststoffpolymere und ihre Verwendungsgebiete sind in Teil II, unter 4.3 näher erläutert worden.

---

123 Die Vorregistrierung gemäß Art. 28 wird in den vorliegenden Guidelines des REACH Implementation Projects (RIPs) der EG-Kommission nur kursorisch und überwiegend nur verfahrensmäßig behandelt. Die RIPs enthalten keine stofflichen Informationen zur Vorregistrierung der Monomere oder Polymere, insbesondere nicht zur Vorregistrierung von Recyclingstoffen; vgl. 1. Guidance for Identification and Naming of Substances under REACH, June 2007, 6.1, S. 51–52, 2. Guidance on Registration, June 2007, Nr. 2.2, 3. Guidance on Pre-Registration and Data Sharing, September 2007, Abschnitt 3, S. 20–26, 4. Guidance for monomers and polymers, June 2007. Die nachstehenden Ausführungen stellen somit die Auffassungen der Verfasser dar.

Andere gebundene Stoffe in den Polymeren
Neben den Monomeren enthalten die durch Recycling gewonnenen Kunststoffpolymere andere chemisch gebundene Stoffe in Form von Monomereinheiten und andere chemisch gebundene Stoffe (vgl. Art. 6 Abs. 3).

Soweit die gebundenen anderen Stoffe in Form von Monomereinheiten bekannt sind, sollten sie in der Mitteilung zur Vorregistrierung angegeben werden, da sie der Identifizierung des gebildeten Polymers dienen.

Die anderen gebundenen Stoffe in den Polymeren brauchen u. E. im Regelfall nicht identifiziert zu werden, da sie in den Polymeren mit den Monomereinheiten kovalent gebunden sind.

Sonstige chemisch gebundene Stoffe in den Polymeren sollten jedoch dann in der Vorregistrierung angegeben werden, wenn ihr Massenanteil in dem Polymerstoff > 20 % w/w beträgt.

Da den Kunststoffrecyclern im Allgemeinen Informationen über die anderen chemisch gebundenen Stoffe in den Polymerstoffen fehlen, bietet es sich an, die Angabe nach Art. 28 Abs. 1 lit. a) beispielsweise wie folgt zu fassen:

> „Vinylchlorid, Monomerstoff für das Polymer Polyvinylchlorid (PVC) und andere chemisch gebundene Stoffe in dem Polymer".

5.2.2 Andere Stoffe in dem Kunststoffrecyclat neben dem Kunststoffpolymer

Besteht das Kunststoffrecyclat neben dem Kunststoffpolymer aus einem oder mehreren anderen Stoffen, ist darauf abzustellen, ob eine Zubereitung oder ein Stoff bzw. ein Polymerstoff mit einer Hauptkomponente von > 80 % w/w in dem Kunststoffrecyclat vorliegt.

Zubereitungen
Liegen ein oder mehrere chemische Stoffe in dem Kunststoffrecyclact neben dem Kunststoffpolymer vor, so handelt es sich um ein Gemisch, d. h. chemikalienrechtlich um eine Zubereitung, bestehend aus dem Polymerstoff und einem oder mehreren anderen Stoffen, wenn jeder Polymerstoff oder Stoff mit einer Massenkonzentration ≥ 10 % – ≤ 80 % in dem Kunststoffrecyclat vorliegt.

Für den Polymerstoff ≥ 10 % – ≤ 80 % w/w in dem Kunststoffrecyclat als Gemisch sind die Angaben nach vorstehend unter 5.2.1 zu machen. Andere Stoffe in dem Gemisch von ≤ 10 % w/w in dem Recyclat sind nicht zu identifizieren, da sie nicht als relevant für die Zubereitung in der Vorregistrierung anzusehen sind (Bereich der Verunreinigung).

Kunststoffrecyclat, bestehend aus einem Hauptstoff mit einem Massenanteil ≥ 80 %

Besteht das Kunststoffrecyclat aus einem Polymerstoff ≥ 80 % w/w, so liegt ein Hauptstoff vor, nach dem das Kunststoffpolymerisat identifiziert und namentlich zu benennen ist. Nur der Name des Monomerstoffes des Kunststoffpolymers als Hauptstoff in dem Kunststoffpolymerisat ist in der Vorregistrierung anzugeben.

Die übrigen unter 20 % w/w insgesamt vorliegenden anderen Stoffe sind nicht zu benennen.

5.3 Regelungen zur Identifizierung und Namensgebung für die Registrierungsverfahren

Es bestehen folgende Regelungen für das Registrierungsverfahren von Stoffen, die bei der Vorregistrierung heranzuziehen sind:

5.3.1 Stoffe mit einer Hauptkomponente

Besteht ein Stoff aus mehreren Komponenten, wobei eine Hauptkomponente ≥ 80 % w/w Massenanteil hat, so ist der Stoff nach dieser Hauptkomponente namentlich zu benennen und der Identifizierungscode für diese Hauptkomponente ist zu benennen. Die übrigen Komponenten unter 20 % Massenanteil (w/w) sind nicht anzugeben.

5.3.2 Stoffe mit mehreren definierten Stoffkomponenten (Reaktionsgemische)

Hat der Stoff keine Hauptkomponente ≥ 80 % w/w, sondern besteht er aus Komponenten von jeweils ≥ 10 % w/w bis ≤ 80 % w/w (Multi-Constituent-Substances = Reaktionsgemische nach der Version der ECHA), so ist jede dieser Stoffkomponenten mit Namen und Identifizierungscodes in der Vorregistrierung anzugeben. Besteht für den Gesamtstoff ein Handelsname, so kann dieser angegeben werden und die Teilkomponenten ≥ 10 % w/w und ≤ 80 % w/w sind mit Identifizierungscodes anzugeben. Stoffkomponenten unter 10 % w/w ist nicht zu benennen.

5.3.3 Zusatzstoffe (Additive) zu Polymerstoffen

Zur *Stabilisierung* des Kunststoffpolymers gewollt zugegebene Stoffe sind nicht zu benennen und nicht in der Vorregistrierung anzugeben.

Andere gewollt zu dem Polymerstoff zugegebene Zusatzstoffe, die nicht dem Zweck der Stabilisierung dienen, sind mit Identifizierungscodes anzugeben, wenn ihr Massenanteil $\geq$ 10 % an der Gesamtsubstanz beträgt. In diesem Fall liegt eine Zubereitung vor (s. vorstehend unter 5.2.2).

5.3.4 Verunreinigungen

Verunreinigungen (ungewollte Bestandteile des Stoffes) bis zu einem Massenanteil von 20 % w/w des Stoffes sind Bestandteile des Stoffes und nicht anzugeben. Überschreiten die Verunreinigungen 20 % w/w, sind solche Stoffe in der Verunreinigung zu identifizieren und zu benennen, deren Anteil über 10 % w/w an der Gesamtsubstanz beträgt.

5.4 Undefinierte Stoffe (UVCB-Stoffe)

Weil es sich um undefinierte Stoffe handelt, sind die Einzelkomponenten nicht zu identifizieren und nicht anzugeben. Zur Namensgebung und zur Identifizierung dieser unbestimmten Zusammensetzung der Stoffe kann ein generischer Weg verfolgt werden, in dem z. B. angegeben wird, welche Hauptstoffgruppen in dem UVCB-Stoff vorhanden sind, wie z. B. „Alkoholethoxilat mit Alkoholen C_{10}–C_{14} und 4–10 Ethoxilat-Einheiten (s. Guidance for Substances Identification and namening of Substances under REACH, Juni 2007, unter 4.3.1 – Informationen über die chemische Zusammensetzung). Sind Stoffe in dem UVCB-Stoff bekannt, sollten diese namentlich und mit IUPAC-Nr. bezeichnet werden, wenn ihre Massenkonzentration in dem UVCB-Stoff $\geq$ 10 % ist. Bei bekannten Stoffen in der Gesamt-UVCB-Substanz sollten Konzentrationsbereiche möglichst angegeben werden.

Unbekannte Bestandteile in dem UVCB-Stoff sollten, wenn möglich, mit einer allgemeinen Beschreibung ihrer chemischen Natur angegeben werden.

Weil UVCB-Stoffe nicht durch ihre Bestandteile angegeben werden können, sind sie im Allgemeinen durch ihren Namen, ihre Herkunft und ggf. durch ihre wesentlichen Herstellungsverfahren/Recyclingverfahren zu benennen. Weitere Identifizierungsparameter wie Schmelzpunkte etc. sind nützlich. Auch können mit den zusätzlichen Identifikationsparametern ihre Herstellung, wie Fraktionierung, Rückstände, Ausgangsmaterial für die Reaktionen benannt werden. Als Möglichkeit, einen generischen Namen anzugeben, ist genannt:

> „Reaktionsprodukt aus ... (Angabe der Reaktanten und des Startmaterials)".[124]

Für die undefinierten Kunststoffrecyclate (UVCB-Stoffe) könnte nach Auffassung der Verfasser folgende Angabe in der Vorregistrierung gemäß Art. 28 Abs. 1 lit. a) gemacht werden:

> „Recyclingkunststoffprodukt aus werkstofflichem Recyclingverfahren aus [...]-Monomerstoffen und anderen Stoffen".

5.5 Identifikation der Stoffe durch Identifikationsparameter

Die Identifikationsparameter für jeden einzelnen Stoff in der Stoffverbindung ergeben sich aus Anhang VI, Abschnitt 2 („Identifizierung eines Stoffes") der REACH-VO. Dabei wird abgestellt auf Name und Bezeichnung des Stoffes, Name gemäß IUPAC-Nomenklatur oder andere internationale chemische Bezeichnungen, andere Namen, EINECS- oder ELINCS-Nummern, CAS-Bezeichnungen oder CAS-Nummern oder sonstige Identifizierungscodes, Angaben zu Summen- und Strukturformel des Stoffes, die Summen- und Strukturformel, Molekulargewicht, Zusammensetzung des Stoffes und Reinheitsgrad sowie Prozentanteil der jeweiligen Verunreinigungen und Zusatzstoffe, Spektraldaten, Hochdruck-Flüssigchromatogramm, Gaschromatogramm u.v.m.

5.6 Die Bedeutung des EG-Stoffinventars für die Identifikation und Namensgebung der Stoffe

In der bisherigen EU-Chemikaliengesetzgebung sind drei voneinander unabhängige Stoffinventare veröffentlicht worden, die die Kunststoffrecycler zur Identifizierung ihrer Recyclingsekundärstoffe heranziehen können:

In ihnen sind die EG-Nummern, d. h. die offiziellen Nummern der Stoffe in der Europäischen Union angegeben. Bei der EG-Nummer handelt es sich um ein System von siebenstelligen Nummern nach dem Muster XXX-XXX-X, die bei 200-001-08 (EINECS), 400-010-9 (ELINCS) und 500-001-0 (NLP) beginnen. Die EG-Nummer ist in der Spalte „EC No" angegeben.

124 Zur Namensgebung der UVCB-Stoffe siehe im Einzelnen Guidance for Identification and naming of Substances under REACH, Juni 2007, unter 4.3.1, S. 30–45).

a) In dem European Inventory of Existing commercial chemical Substances (EINECS) sind die im Zeitraum vom 1.1.1971 bis zum 18.9.1981 in Verkehr gebrachten chemischen Stoffe veröffentlicht worden (Altstoffe). Die EINECS-Nummern können diesem Altstoffverzeichnis[125] entnommen werden.

b) Die nach dem 18.9.1981 in Verkehr gebrachten Stoffe mussten neu angemeldet werden und sind listenmäßig mit Stoffnamen und EG-Nummern in der European List of notified chemical Substances (ELINCS) veröffentlicht worden (Neustoffe). Die ELINCS-Nummern können der Europäischen Liste der angemeldeten chemischen Stoffe in der aktualisierten Ausgabe entnommen werden.[126]

c) Liste der No-Longer-Polymers (NLP)[127]
Einige der zunächst grundsätzlich von der Aufnahme in das EINECS ausgeschlossenen Polymere wurden nach der neuen Begriffsbestimmung für Polymere in der 7. Änderungsrichtlinie nicht mehr als von der EINECS-Liste ausgeschlossen angesehen und wurden zu „No-longer-Polymers" nach der 7. Änderungsrichtlinie und in der NLP-Liste aufgenommen.
Alle „No-longer-Polymers", die nicht EINECS gelistet waren, sollten demnach wie Neustoffe angemeldet werden.
In der REACH-Verordnung sind, wie dargelegt, alle Polymere, die die Anforderungen der Begriffsbestimmung des Art. 3 Ziff. 5 erfüllen, gemäß Art. 2 Abs. 9 von der Registrierung ausgenommen, nach einer Entscheidung des Ministerrats also auch die No-longer-Polymers der NLP-Liste.
Nach Art. 3 Ziff. 20 lit. c) sind die Stoffe der NLP-Liste und die Stoffe, die die NLP-Kriterien erfüllen, aber nicht in der NLP-Liste aufgenommen worden sind, Phase-in-Stoffe, die grundsätzlich zu registrieren sind. Erfüllen diese die Anforderungen des Polymer-Begriffs der REACH-VO gemäß Art. 3 Ziff. 5, so sind sie nach Art. 2 Abs. 9 von der Registrierung ausgenommen.[128]

d) Nach Inkrafttreten der REACH-VO wird die ECHA ein Stoffinventar mit den registrierten Stoffen und einer EG-Nummer der Stoffe, die bisher noch keine EINECS-, ELINCS- oder NLP-Nummer erhalten haben, veröffentlichen und diese fortlaufend ergänzen („REACH Inventory").[129]

---

125 ABl. C 146 A vom 15.6.1990.

126 EUR 22543 EN, Amt für die Veröffentlichung der Europäischen Gemeinschaften, 1997, ISBN 1018-5593.

127 Die NLP-Nummer kann der Liste "No longer-polymers" (in der aktuellen Ausgabe) entnommen werden (Amt für Amtliche Veröffentlichungen der Europäischen Gemeinschaften, 1997, ISBN 92-827-8995-0).

128 Vgl. Guidance for identification and namening of substances under REACH, 3.2.1.

129 Ebenda, 3.2.2.

5.7 Liste der harmonisierten Einstufungen und Kennzeichnungen der gefährlichen Stoffe auf Gemeinschaftsebene nach Anhang VI der Verordnung (EG) Nr. 1272/2008 des Europäischen Parlaments und des Rates vom 16.12.2008 (EG-GHS-Verordnung)[130]

Für die Identifikation und Namensgebung der Stoffe können die Einträge in den Listen der harmonisierten Einstufungen und Kennzeichnungen gefährlicher Stoffe des Anhangs VI, Teil 3, Tabellen 3.1 und 3.2 seit Inkrafttreten dieser Verordnung am 20.1.2009 herangezogen werden.

In der Tabelle 3.1 sind die bisher harmonisierten Einstufungen und Kennzeichnungen gefährlicher Stoffe veröffentlicht worden, die bisher aufgrund der neuen Kriterien des Anhangs I der EG-GHS-Verordnung vorgenommen worden sind.[131] Die Tabelle 3.1 soll in einem eigenen Band III a) der Öffentlichkeit zugänglich gemacht werden.[132]

In Tabelle 3.2 des Anhangs VI, Teil 3, ist die Liste der gefährlichen Stoffe aus Anhang I der Richtlinie 67/548/EWG in der letzten vervollständigten Fassung in die EG-GHS-Verordnung übernommen worden.[133] Die Liste wird in einem eigenen Band III b) veröffentlicht werden.[134]

Mit der Veröffentlichung der Verordnung (EG) Nr. 1272/2008 vom 16.12.2008 hat die im Rahmen der Vereinten Nationen über 10 Jahre dauernde Harmonisierung der Kriterien für die Einstufung und Kennzeichnung für den weltweiten Handel mit Stoffen und Gemischen im Sinne eines „Global Harmonisierten Systems" zur Einstufung und Kennzeichnung von Chemikalien (Globally Harmonized System of Classification and Labelling of Chemicals – „GHS") ihren Abschluss gefunden[135]. Die Verordnung (EG) 1272/2008 schafft die rechtliche Grundlage, dieses international harmonisierte Einstufungs- und Kennzeichnungsrecht in das neue EU-Chemikalienrecht der REACH-VO zu integrieren. Dabei werden die neuen Einstufungs- und Kennzeichnungsvorschriften des

130 Verordnung (EG) Nr. 1272/2008 des Europäischen Parlaments und des Rates vom 16.12.2008 über die Einstufung, Kennzeichnung und Verpackung von Stoffen und Gemischen, zur Änderung und Aufhebung der Richtlinien 67/548/EWG und 1999/45/EG und zur Änderung der Verordnung (EG) Nr. 1907/2006, Abl. L 353, S. 1 vom 31.12.2008.

131 ABl. L 353, S. 341–922.

132 ABl. L 353, S. 339.

133 ABl. L 353, S. 923–1351.

134 ABl. L 353, S. 339.

135 Zur Entwicklung des GHS-Systems vgl. Wahl, Die EG-GHS-Verordnung, Ein Überblick, StoffR 2008, S. 249 ff.

GHS unter weitgehender Berücksichtigung des bisherigen Einstufungs- und Kennzeichnungsrecht des EG-Chemikalienrechts auf der Grundlage der EG-Gefahrstoffrichtlinie 67/548/EWG und der Zubereitungsrichtlinie 1999/45/EG stufenweise mit Übergangsfristen in das REACH-Chemikalienrecht eingeführt.

Für Stoffe ist das GHS-Einstufungs- und Kennzeichnungsrecht bereits ab 1.12.2010 verbindlich. Für Gemische werden die neuen Regelungen ab 1.6.2015 vorgeschrieben.

Bis zum 1.12.2010 sind die Stoffe noch gemäß der EG-Richtlinie 67/548/EWG einzustufen, zu kennzeichnen und zu verpacken. Das bisherige Einstufungs- und Kennzeichnungsrecht für Gemische gemäß der Richtlinie 1999/45/EG ist noch bis zum 1.6.2015 anzuwenden. Das bisherige Einstufungs- und Kennzeichnungsrecht nach der Gefahrstoffrichtlinie 67/548/EWG und 1999/45/EG wird mit Wirkung vom 1.6.2015 aufgehoben.[136]

Art. 57 bis 59 VO Nr. 1272/2008 ändern die REACH-Verordnung stufenweise ab:

a)

Nach Art. 57 VO (EG) Nr. 1272/2008 werden bereits mit Inkrafttreten der EG-GHS-Verordnung ab 20.1.2009 Anpassungen für die Sicherheitsberichte nach Art. 14 REACH-VO an die spezifizierten Konzentrationsgrenzwerte nach Anhang VI Teil 3 der VO (EG) Nr. 1272/2008 vorgenommen. Ferner werden Art. 56 und 59 REACH-VO hinsichtlich der Einstufungen nach den Kriterien des Anhangs V Teil 3 der EG-GHS-VO angepasst.

Die Vorschriften des Titels XI der REACH-VO betreffend das Einstufungs- und Kennzeichnungsverzeichnis (Art. 112–116) werden aufgehoben (Art. 57 Abs. 7 VO (EG) Nr. 1272/2008). Das bisherige Einstufungs- und Kennzeichnungsverzeichnis nach Titel XI der REACH-VO soll durch die Liste der harmonisierten Einstufung und Kennzeichnung gefährlicher Stoffe in Anhang VI Teil 3 Tabelle 3.1 der VO (EG) Nr. 1272/2008 abgelöst werden, die nach Art. 1 Abs. 1 lit. d) und lit. e) der neuen GHS-Verordnung aufzubauen ist. Die Regelungen des Titels V der VO (EG) Nr. 1272/2008 zur Harmonisierung und Kennzeichnung von Stoffen und über das Einstufungs- und Kennzeichnungsverzeichnis der VO (EG) Nr. 1272/2008 nach Art. 39 dieser Verordnung gelten ab Inkrafttreten der neuen GHS-Regelungen.

136 Art. 60 VO Nr. 1272/2008.

Das Sicherheitsdatenblatt nach Art. 31 REACH-VO ist nach Art. 31 in der ab 20.1.2009 geltenden Fassung des Abs. 8 auf Papier oder elektronisch kostenlos spätestens an dem Tag, an dem der Stoff oder das Gemisch erstmals geliefert wird, zur Verfügung zu stellen.

Nach dem ab 20.1.2009 geltenden Art. 31 Abs. 10 REACH-VO (neu) können bis zum 1.12.2010 vorgezogene Einstufungen von Stoffen nach den GHS-Kriterien zusammen mit den Einstufungen nach der Richtlinie 67/548/EWG in dem Sicherheitsdatenblatt angegeben werden.

In der Übergangszeit vom 1.12.2010 bis zum 1.6.2015 sind die Einstufungen der Stoffe sowohl nach dem bisherigen Recht der Richtlinie 67/548/EWG wie auch nach der neuen VO (EG) Nr. 1272/2008 im Sicherheitsdatenblatt aufzunehmen.

Werden Gemische bereits bis zum 1.6.2015 nach den Kriterien der VO (EG) Nr. 1272/2008 vorgezogen eingestuft, kann diese Einstufung zusammen mit der Einstufung nach der bis zum 1.6.2015 geltenden Zubereitungsrichtlinie 1999/45/EG in dem Sicherheitsdatenblatt aufgenommen werden (Art. 31 Abs. 10 Satz 3 REACH-VO i.d.F. der VO (EG) Nr. 1272/2008).

b)

Nach Art. 58 der VO (EG) Nr. 1272/2008 werden Anpassungen der REACH-VO mit Wirkungen vom 1.12.2010 und nach Art. 59 der VO (EG) Nr. 1272/2008 Anpassungen mit Wirkung vom 1.6.2015 zur Integrierung der neuen GHS-Einstufungs- und Kennzeichnungsgrundsätze vorgenommen, die das bisherige Einstufungs- und Kennzeichnungsrecht der Gefahrstoffrichtlinie 67/548/EWG und der Zubereitungsrichtlinie 1999/45/EG ablösen.

Teil VI.
Die Anwendung der Vorschriften über die Informationen in der Lieferkette (Titel IV und V) auf die durch Recyclingverfahren aus Kunststoffabfällen gewonnenen Kunststoffsekundärrohstoffe und -produkte und Monomerstoffe und sonstigen Stoffe in den Kunststoffpolymeren

1. Zum Inhalt der Vorschriften über die Informationen in der Lieferkette – Überblick über die Informationspflichten der Lieferanten von Stoffen, Zubereitungen und Erzeugnissen durch Übergabe von Sicherheitsdatenblättern und sonstigen Stoffinformationen

1.1. Sicherheitsdatenblätter (Art. 31)

Die REACH-VO führt in Titel IV mit geringfügigen formellen und inhaltlichen Abänderungen[137] Pflichten zur Lieferung der Sicherheitsdatenblätter für gefährliche Stoffe nach der EG-Stoffrichtlinie 67/548/EWG und für Zubereitungen nach der Zubereitungsrichtlinie 1999/45/EG und der Richtlinie 91/155/EWG der Kommission vom 5.4.1991 zur Festlegung der Einzelheiten eines besonderen Informationssystems für gefährliche Zubereitungen gemäß Art. 10 der Richtlinie 88/379/EWG des Rates, das durch die Gefahrstoffverordnung[138] in das deutsche Recht umgesetzt worden ist, fort.

Nach Art. 31 Abs. 1 lit. a) ist der Lieferant eines Stoffes oder einer Zubereitung, die die Kriterien für die Einstufung als gefährlich im Sinne der Stoffrichtlinie 67/548/EWG bzw. der Zubereitungsrichtlinie 1999/45/EG erfüllen, verpflichtet, dem Abnehmer ein Sicherheitsdatenblatt gemäß den Anforderungen nach Anhang II der REACH-VO zur Verfügung zu stellen.

---

137 Zu den Abweichungen der Anforderungen nach REACH zum bisherigen Recht s. Fluck, REACH: Stoffinformationen in der Lieferkette, StoffR 2007, S. 62, 63 ff.

138 Vgl. § 6 Verordnung zum Schutz vor Gefahrstoffen (Gefahrstoffverordnung) vom 23.12.2004 (BGBl. I S. 3758), geändert durch Art. 2 der Verordnung vom 23.12.2004 (BGBl. I S. 3855). Nach § 6 Abs. 1 Satz 3 Gefahrstoffverordnung hat der Hersteller oder Einführer insbesondere dafür zu sorgen, dass das Sicherheitsdatenblatt von einer fachkundigen Person erstellt wird, fachlich richtig sowie vollständig ausgefüllt ist und regelmäßig aktualisiert wird.

Die Pflicht zur Auslieferung eines Sicherheitsdatenblatts besteht in gleicher Weise, wenn der Stoff als solcher oder in einer Zubereitung persistent, bioakkumulierbar und toxisch (PBT-Eigenschaften) oder sehr persistent und sehr bioakkumulierbar (vPvB-Eigenschaften) gemäß den Kriterien des Anhangs XIII (Art. 31 Abs. 1 lit. b)) ist oder der Stoff aus anderen Gründen als seiner Gefährlichkeit und seiner PBT- oder vPvB-Eigenschaften in die Kandidatenliste gemäß Art. 59 Abs. 1 für die Aufnahme in die Liste der zulassungsbedürftigen Stoffe des Anhangs XIV aufgenommen wurde.

Werden von einem Lieferanten Zubereitungen an einen Abnehmer geliefert, hat der Lieferant selbst dann, wenn die Zubereitung nicht als gefährlich nach der Zubereitungsrichtlinie 1999/45/EG einzustufen ist, unabhängig von seiner Verpflichtung nach Art. 31 Abs. 1 auf Verlangen des Abnehmers diesem ein Sicherheitsdatenblatt zu liefern, wenn die Voraussetzungen nach Art. 31 Abs. 3 lit. a)–c) vorliegen. Nach diesen Bestimmungen ist darauf abzustellen, dass die einzelnen Stoffe in den Zubereitungen gesundheitsgefährdend oder umweltgefährlich sind und die Einzelkonzentrationen $\geq$ 1 Gewichts-% bei nicht gasförmigen Zubereitungen und von $\geq$ 0,2 Volumen-% bei gasförmigen Zubereitungen betragen, die Einzelkonzentrationen eines einzelnen Stoffes mit PBT- oder vPvB-Eigenschaften $\geq$ 0,1 Gewichts-% betragen oder aus sonstigen Gründen in der Kandidatenliste des Art. 59 Abs. 1 aufgenommen wurden. Auch wird auf die Einzelstoffe in den Zubereitungen abgestellt, für die ein gemeinschaftlicher Grenzwert für die Exposition am Arbeitsplatz besteht.

1.2 Sonstige Stoffinformationen (Art. 32)

Besteht für die Lieferanten eines Stoffes oder einer Zubereitung keine Pflicht zur Übergabe eines Sicherheitsdatenblattes, besteht die Informationspflicht in der Angabe der Registriernummer, der Angabe etwaiger Zulassungspflichten und erteilter oder versagter Zulassungen, in Einzelheiten zu stofflichen Beschränkungsmaßnahmen und sonstigen verfügbaren und sachdienlichen Informationen über den Stoff, damit der Abnehmer geeignete Risikomanagementmaßnahmen ergreifen kann.

1.3 Informationen über Stoffe in Erzeugnissen (Art. 33)

Der Lieferant eines Erzeugnisses, das einen die Kriterien des Art. 57 erfüllenden oder gemäß Art. 59 Abs. 1 ermittelten Stoff in einer Konzentration von mehr als 0,1 Massen-% enthält, hat dem Abnehmer des Erzeugnisses die ihm vorliegenden, für eine sichere Verwendung des Erzeugnisses ausreichenden Information zur Verfügung zu stellen. Liegen diese nicht vor, hat er mindestens aber den Namen des betreffenden Stoffes zu nennen.

Bei der Lieferung von Erzeugnissen verleiht Art. 33 Abs. 2 dem belieferten Endverbraucher einen Informationsanspruch hinsichtlich der Stoffe, die die Kriterien des Art. 57 oder 59 Abs. 1 mit mehr als 0,1 Massen-% enthalten, mindestens jedoch auf die Nennung des Namens des betreffenden Stoffs in dem Erzeugnis. Diese Informationen hat der Lieferant des Erzeugnisses binnen 45 Tagen nach Eingang des Ersuchens des Verbrauchers diesem zur Verfügung zu stellen.

2. Die Informationspflichten der Kunststoffrecycler nach Titel IV und V der REACH-VO hinsichtlich der gewonnenen Kunststoffsekundärrohstoffe und -produkte

Informationspflichten in der Lieferkette treffen die Kunststoffrecycler als Lieferanten ihrer gewonnenen Kunststoffrecyclate gemäß Art. 31 und 32 gegenüber ihren Abnehmern. Weitergehende Informationspflichten können für sie entstehen, wenn sie „Akteure der Lieferkette“ sind.

2.1 Die Informationspflichten der Kunststoffrecycler als Lieferanten von Stoffen als solche, von Zubereitungen und von Erzeugnissen

Unabhängig davon, ob sie „Akteure der Lieferkette“ sind oder nicht, haben die Kunststoffrecycler als Lieferanten von Stoffen und Zubereitungen ihren Abnehmern Sicherheitsdatenblätter nach Art. 31 oder, wenn die Zurverfügungstellung von Sicherheitsdatenblättern nicht erforderlich ist, die sonstigen Informationen nach Art. 32 oder die Informationen nach Art. 33 bei der Lieferung von Erzeugnissen zur Verfügung zu stellen.

2.2 Die Informationspflichten als „Akteure der Lieferkette“

2.2.1 Ergänzungen durch „Akteure der Lieferkette“

Die Informationspflichten der Lieferanten gegenüber ihren Abnehmern werden ergänzt durch die Ansprüche der „Akteure der Lieferkette“ als vor- oder nachgeschaltete Anwender zur Ergänzung der Inhalte der Sicherheitsdatenblätter und

Stoffinformationen sowie durch die Verpflichtungen der „Akteure in der Lieferkette“, die eine Sicherheitsbeurteilung nach Art. 14 oder 37 durchführen müssen. Diese Informationen führen dazu, dass die in den Sicherheitsdatenblättern und sonstigen Stoffinformationen gegebenen Inhalte durch die Informationen aus den Sicherheitsbeurteilungen zu ergänzen sind.

Entsprechend den Angaben in den Sicherheitsbeurteilungen in dem Stoffsicherheitsbericht sind die Angaben zur Verwendung des Stoffes (vgl. Anhang II der REACH-VO, Position 1.2), zu seiner Lagerung (Anhang II der REACH-VO, Position 7), die toxikologischen und umweltspezifischen Angaben (Anhang II der REACH-VO, Position 11 und 12) und die Angaben zur Entsorgung des Stoffes (Anhang II der REACH-VO, Position 13) im Sicherheitsdatenblatt zu ergänzen.

Angaben zur Expositionsbegrenzung (Anhang II der REACH-VO, Position 8) und Angaben zu den Risikomanagementmaßnahmen sind nach Art. 14 Abs. 6 zusammenzufassen. Die einschlägigen Expositionsszenarien sind in einem Anhang zum Sicherheitsdatenblatt gemäß Art. 14 Abs. 7 (Anhang I der REACH-VO, Position 5.1.1) zusammenzufassen („erweitertes Sicherheitsdatenblatt“).

2.2.2 Nachgeschaltete Anwender

Die Rechte und Pflichten hinsichtlich der nachgeschalteten Anwender gemäß Art. 31 Abs. 4, Abs. 7, Art. 34 und Art. 5 betreffen die Kunststoffrecycler nur, wenn sie *„Akteure der Lieferkette“* sind. Hierzu müssten die Kunststoffrecycler nach der Begriffsbestimmung des Art. 3 Ziff. 17 „Hersteller und/oder Importeure und/oder nachgeschalteter Anwender in einer Lieferkette“ sein.

Die Kunststoffrecycler, die durch *werkstoffliche Recyclingverfahren* Kunststoffsekundärrohstoffe und -produkte gewinnen, die nicht mehr als Abfälle zu werten sind, sondern Stoffe oder Zubereitungen im Sinne der REACH-VO sind, sind, wie vorstehend unter Ziff. V., 2.4.3.1 dargelegt, keine „Hersteller“ der Kunststoffrecyclate, da die Kunststoffe aus den Kunststoffabfällen durch das werkstoffliche Recyclingverfahren nicht neu entstehen, sondern als Teil der Kunststoffabfälle vorhanden sind und nur weiter aufbereitet werden.

Die Kunststoffrecycler sind auch keine „nachgeschalteten Anwender“, die nach der Begriffsdefinition des Art. 3 Ziff. 13 im Rahmen ihrer industriellen oder gewerblichen Tätigkeit einen Stoff als solchen oder in Zubereitungen verwenden. Die von ihnen in dem Recyclingverfahren eingesetzten Kunststoffmaterialien sind „Abfälle“, so dass gemäß Art. 2 Abs. 2 der stoffliche Verwendungsbegriff, der dem Begriff der nachgeschalteten Anwender zugrundeliegt, keine

Anwendung findet. Durch den Recyclingprozess als abfallrechtliche Verwertung wird die Lieferkette, die von der Herstellung der originären Kunststoffe und der Stoffe, die die Kunststoffpolymere bilden, bis zur Übergabe dieser Stoffe in die Abfallverwertung reicht, unterbrochen und entsteht nicht neu, wenn aus den Kunststoffabfällen die recycelten Kunststoffsekundärrohstoffe und -produkte gewonnen werden.

Damit können die Kunststoffrecycler, die durch werkstoffliche Recyclingverfahren Kunststoffsekundärrohstoffe und -produkte gewinnen, begriffsnotwendig keine „Akteure der Lieferkette" sein.

Hiervon sind die Kunststoffrecycler, die durch *chemische Recyclingverfahren* chemische Stoffe als solche oder in Zubereitungen gewinnen, zu unterscheiden. Diese stellen durch chemische Umwandlung aus den Kunststoffen in den Kunststoffabfällen die Monomerstoffe und sonstige Stoffe in den Kunststoffpolymeren her bzw. gewinnen diese aus den Kunststoffpolymeren in den Kunststoffabfällen zurück. Hinsichtlich dieser neugewonnenen Stoffe sind die Kunststoffrecycler als „Hersteller" Akteure der Lieferkette.

Soweit im Einzelfall ein Kunststoffrecycler aus den von ihm gewonnenen Kunststoffsekundärrohstoffen selbst Erzeugnisse herstellt, wie z.B. in dem Referenzbeispiel der Herstellung von Fensterprofilen aus den durch Recyclingverfahren gewonnenen PVC-Granulaten durch die Tönsmeier Kunststoffe Gruppe, ist er Produzent eines Erzeugnisses im Sinne des Art. 7.

Der Produzent eines Erzeugnisses ist kein „Hersteller" im Sinne der Begriffsbestimmung der Akteure in der Lieferkette nach Art. 3 Ziff. 17, weil sich der chemikalienrechtliche Begriff der „Herstellung" nur auf Stoffe gemäß Art. 3 Ziff. 8 bezieht.

Bei den Herstellern von Fensterprofilen aus den durch Recyclingverfahren gewonnenen Kunststoffsekundärrohstoffen der PVC-Granulate findet aber eine „Verwendung" des durch das Recyclingverfahren gewonnenen, der REACH-VO unterliegenden PVC-Kunststoffs im Sinne des Art. 3 Ziff. 24 durch Verarbeiten des PVC-Kunststoffes statt.

Danach ist das Recyclingunternehmen, das aus durch Recycling gewonnene Kunststoffe und seinen die Kunststoffpolymere bildenden Stoffe selbst Kunststofferzeugnisse produziert, hinsichtlich der Kunststoffsekundärrohstoffe als Verwender eines Stoffes nachgeschalteter Anwender im Sinne des Art. 3 Ziff. 13 und Akteur in der Lieferkette.

3. Die Anforderungen an die Sicherheitsdatenblätter nach Anhang II

Die von den Lieferanten von Stoffen und Zubereitungen den Abnehmern zur Verfügung zu stellenden Sicherheitsdatenblätter haben seit Inkrafttreten der REACH-VO am 1.7.2007 den Anforderungen des Anhangs II der REACH-VO zu entsprechen. Wesentliche Voraussetzung zur Herstellung eines Sicherheitsdatenblatts ist es, dass die Kunststoffrecycler ihr Kunststoffrecyclat dahingehend einstufen, ob ein Stoff oder eine Zubereitung vorliegt, wie deren Identität ist und bei der Zubereitung, aus welchen Bestandteilen die Zubereitung besteht. Zusätzlich sind die gefährlichen Eigenschaften der Stoffe oder gelieferten Zubereitungen und der stofflichen Bestandteile der Zubereitungen nach ihren Einstufungen in dem Sicherheitsdatenblatt anzugeben.

Nach Anhang II, Ziff. 3.3 der REACH-VO ist es nicht erforderlich, die vollständige Zusammensetzung der Zubereitung (Art der Bestandteile und ihre jeweilige Konzentration) anzugeben. Jedoch müssen nach Anhang II, 3.2 der REACH-VO bei nach der Zubereitungsrichtlinie 1999/45/EG als gefährlich eingestuften Zubereitungen die Stoffe als Bestandteile der Zubereitung mit ihren Konzentrationen bzw. Konzentrationsbereichen in der Zubereitung genannt werden, soweit diese gesundheits- oder umweltgefährlich sind und die Konzentrationsbereiche für die Einstufung der Zubereitungen als gefährlich oder umweltgefährlich erreicht oder überschritten werden. Im Einzelnen ist zum Erfordernis der Angaben zu den Bestandteilen der Zubereitungen auf Anhang II, 3., 3.2 und 3.3 der REACH-VO zu verweisen.

Zur Erstellung der Sicherheitsdatenblätter ist es somit Voraussetzung, die stoffliche Identität und Zusammensetzung der gewonnenen Kunststoffrecyclate und ihre Gefährlichkeitsmerkmale nach den gefahrstoffrechtlichen Einstufungen und Kennzeichnungen dieser Stoffe zu ermitteln.

Literaturverzeichnis

Bauer, Günter, Alkoholyse – chemisches Recyclingverfahren für Polyurethane und gemischte Kunststoffabfälle, in: Menges/Michaeli/Bittner, Recycling von Kunststoffen, 1992, S. 265 ff.

Beyer – Walter, Lehrbuch der Organischen Chemie, hrsg. von Walter, Wolfgang/ Francke, Wittko, 24. Auflage 2004

Clausius, Reinhard, Polyurethane, in: KU Kunststoffe 1999, S. 862 ff.

Deutsche BP AG, (Hrsg.), Das Buch vom Erdöl, 4. Auflage 1978

Esser, Ralph, Verwertung von Kunststoffen im Haus- und Gewerbemüll, in: Entsorgungspraxis 2000, S. 21–28.

Fink, Dieter/Hanschmidt, Angelika/Lulei, Michael, REACH: About the Naming and the Identification of Substances, in: StoffR 2008, S. 126 ff.

Fink, Dieter/Hanschmidt, Angelika/Lulei, Michael, REACH: Die Bedeutung der Vorregistrierung, in: StoffR 2007, S. 152 ff.

Fluck, Jürgen (Hrsg.), Kreislaufwirtschafts-, Abfall- und Bodenschutzrecht, Kommentar, Loseblatt, 84. Aktualisierung, 2008

Fluck, Jürgen/Fischer, Kristian/von Hahn, Anja, REACH + Stoffrecht, Kommentar, 2008

Fluck, Jürgen, REACH-Übergangsprobleme – Keine Verkehrsfähigkeit nicht (vor-) registrierter Stoffe?, in: StoffR 2008, S. 213 ff.

Fluck, Jürgen, Die Foren zum Austausch von Stoffinformationen (SIEF) und die Zusammenarbeit mehrerer Verpflichteter bei (Vor-)Registrierung und Bewertung, in: StoffR 2007, S. 104 ff.

Fluck, Jürgen, REACH: Stoffinformationen in der Lieferkette, in: StoffR 2007, S. 62 ff.

Frenz, Walter, Kreislaufwirtschafts- und Abfallgesetz, Kommentar, 3. Auflage 2002

Gutknecht, Michael, Recycling von Kunststoffabfällen, wlb Wasser, Luft und Boden, 2006

Kitzinger, Günter, Zur Vornahme vorsorglicher Vorregistrierungen nach Art. 28 REACH-VO für Stoffe in Sekundärrohstoffen und Recyclingprodukten, in: StoffR 2008, S. 143 ff.

Kitzinger, Günter, Sekundärprodukte und Sekundärstoffe – Ende der Abfalleigenschaft und Beginn der REACH-Regulierung, in: AbfallR 2007, S. 216 ff.

Koll, Peter, Der Markt für Sekundärrohstoffe, Teil 6: Altkunststoffe, Berichte zur Kreislaufwirtschaft, Bericht 4/1996, Informationsbüro Kreislaufwirtschaft c/o MTE Umweltberatung GmbH, Oberhausen

Kopp-Assenmacher, Stefan, REACH und Abfall – Eine Systematisierung und erste Lösungswege zu der Angrenzungsproblematik REACH und Abfall, in: SBB-Forum 2007 (II), S. 1 ff.

Kopp-Assenmacher, Stefan, Aktuelle Rechtsprechung zum deutschen und europäischen Abfallrecht, in: Zeitschrift für Umweltrecht 2005, S. 414 ff.

Knopp, Lothar, REACH – ungeklärte Rechtsfragen und aktuelle Entwicklung, in: Umwelt- und Planungsrecht 2008, S. 248 ff.

Kunig, Philip/Paetow, Stefan/Versteyl, Ludger-Anselm, Kreislaufwirtschafts- und Abfallgesetz, Kommentar, 2. Auflage 2003

Läsche, Harald/von Roessel, Rainier, Styrolpolymere, in: KU Kunststoffe 1999, S. 89 ff.

Lemmens, Joop, Verträglichmacher für Kunststoffe, in: Menges/Michaeli/Bittner, Recycling von Kunststoffen, 1992, S. 229 ff.

Lulei, Michael, REACH: Zu den Leitlinien der Europäischen Agentur für chemische Stoffe (ECHA), in: Bundesgesundheitsblatt – Gesundheitsforschung – Gesundheitsschutz, 2008, S. 1444 ff.

Mortimer, Charles E./Müller, Ulrich, Chemie, Das Basiswissen der Chemie, 9. Auflage, 2007

Müller, Wolfgang/Jagdmann, Sieghard, Polyethylen niedriger Dichte, in: KU Kunststoffe, 1999, S. 26 ff.

Petersen, Frank, Die Novelle der Abfallrahmenrichtlinie, in: AbfallR 2008, S. 154 ff.

Petersen, Frank, Die politische Einigung des Umweltministerrates zur Novelle der Abfallrahmenrichtlinie, in: Zeitschrift für Umweltrecht 2007, S. 449 ff.

Petersen, Frank/Heß, Karoline, Das Komitologieverfahren im Gemeinschaftsrecht, in: Zeitschrift für Umweltrecht 2007, S. 567 ff.

Römpp, Lexikon Chemie, hrsg. von Falbe, Jürgen/Regnitz, Manfred, 10. Auflage, ab 1996

Schneider, Hans, Gesetzgebung, 3. Auflage 2002

Schröder, Rüdiger/Stolzenberg, Andreas, Verschmutzte Kunststoffabfälle aus Hausmüll, in: Menges/Michaeli/Bittner, Recycling von Kunststoffen, 1992, S. 393 ff.

Schwaben, H.-D., Polystyrol, in: KU Kunststoffe 1999, S. 52 ff.

Sobotta, Christoph, Die Abgrenzung von Nebenprodukten und Produktionsabfällen in der Rechtsprechung des EuGH, in: Zeitschrift für Umweltrecht 2007, S. 188 ff.

Thalmann, Werner, Ökobilanzen für Kunststoffe, in: Menges/Michaeli/Bittner, Recycling von Kunststoffen, 1992, S. 17 ff.

von Landmann, Robert/Rohmer, Gustav, Umweltrecht, Kommentar, Loseblatt, 54. Ergänzungslieferung, 2008

von Lersner, Heinrich Freiherr/Wendenburg, Helge/Versteyl, Ludger-Anselm, Recht der Abfallbeseitigung, Kommentar, Loseblatt, Stand: Lieferung 01/2009

Wahl, Heiner, Die EG-GHS-Verordnung – Ein Überblick, in: StoffR 2008, S. 249 ff.

Weinmann, Wolfram/Thomas, Hans P./Klein, Helmut, Gefahrstoffrecht und Chemikaliensicherheit, Loseblatt 2005 ff.

Wessling, Bernhard, Kunststoffe in der Umwelt: Problem oder Problemlöser; in: Menges/Michaeli/Bittner, Recycling von Kunststoffen, 1992, S. 2 ff.

Wohlfahrt-Laymann, Hendrik, Aufschmelzen und Granulieren, in: Menges/Michaeli/Bittner, Recycling von Kunststoffen, 1992, S. 137 ff.

Ziegler, Christine, Das Rechtsinstitut der Vorregistrierung unter der REACH-Verordnung, in: StoffR 2008, S. 319 ff.